保育・幼児教育シリーズ

保育内容総論

大豆生田啓友・田澤里喜 編著

玉川大学出版部

はじめに

　本書は，幼稚園教諭免許状，あるいは保育士資格を取得するために必要な科目「保育内容総論」のテキストです。そのため，免許・資格取得のために必要な内容を網羅しています。保育内容とは幼稚園・保育所・認定こども園等，幼児教育や保育施設において子どもに経験させたい内容のことであり，それを総合的にとらえて学ぼうとするのが，「保育内容総論」です。そのため，保育について基本的なことを学びたい初心者の方にとって分かりやすい内容としました。さらに，本書のシリーズでは，具体的な事例をたくさん網羅して理解することをコンセプトにしていますので，とても分かりやすい内容となっていると思います。

　現代は，保育を取り巻く大きな時代の変革期にあります。その第一には，社会の大きな変化です。それは，少子高齢社会の進展と同時に，共働き家庭の増加等があり，低年齢から長時間の保育を希望する家庭が急速に増えていることです。それに伴い，特に都市部では保育所が足りない状況が一般化し，待機児童問題および保育士不足が大きな社会問題となっています。国や自治体では，保育施設不足や保育士不足のために様々な努力をしていますが，なかなか解消されない実態があります。そうした中で，乳幼児期の子どもと保護者の生活環境が大きく変化しているのです。

　第二には，乳幼児期の保育の質への着目です。多くの先進国では，乳幼児期の保育の質を高めることが，その国の将来にプラスの効果があるとの考えから，乳幼児期の保育に投資しようとする動きがあります。日本は子どもへの投資がきわめて低いことが大きな課題となってきましたが，子ども・子育て支援新制度のスタートにより，子育てを社会全体で支援することに加え，保育の量および質的な側面にも投資をしていこうとする方向性が生まれ始めたのです。

　そして第三には，学校教育全体の教育がアクティブ・ラーニング（主体的，対話的で，深い学び）へ転換する中で，乳幼児の保育の遊びを通した学びがそのスタートとして位置づけられたことです。それを受けて，幼稚園教育要領・保育所保育指針・幼保連携型認定こども園教育・保育

要領が改訂（改定）されました。本書では，その3つの改訂（改定）に準拠した内容にもなっています。

　本書をお読みになるみなさまが，新しい時代の保育の内容について学ぶことができるように工夫をしました。読者のみなさまに役立つことを願い，本書をお届けいたします。

　　　　　　　　　　　　　　　　　編著者代表　大豆生田啓友

保育・幼児教育シリーズ
保育内容総論
目次

はじめに……………………………………………………………………………… iii

第1章 保育内容とは何か

第1節 「保育」とは何か……………………………………………………… 1
第2節 保育内容とは何か ……………………………………………………… 4
第3節 遊びが学びであること──5領域の総合性 ………………………… 10
第4節 我が国の保育内容の変遷 …………………………………………… 16

第2章 心身の健康に関する領域「健康」

第1節 健康な心と体を育てる………………………………………………… 21
第2節 生活習慣の形成………………………………………………………… 29
第3節 安全の習慣と態度……………………………………………………… 38

第3章 人との関わりに関する領域「人間関係」

第1節 人との関わりの根源性………………………………………………… 47
第2節 協同的な学び…………………………………………………………… 54
第3節 社会生活における望ましい習慣や態度 …………………………… 62

第4章 身近な環境との関わりに関する領域「環境」

第1節 保育内容の領域「環境」を考える基本的事項 …………………… 67
第2節 幼児教育において育みたい資質・能力及び
　　　 「幼児期の終わりまでに育ってほしい姿」と保育内容の領域「環境」… 71
第3節 保育内容の領域「環境」と保育実践 ……………………………… 77
第4節 保育内容の領域「環境」における「内容の取扱い」…………… 92

第5章 言葉の獲得に関する領域「言葉」

第1節 身近な人との関わりを通して育つ言葉 ………………………………… 97

第2節 絵本や物語を通して育つ言葉 …………………………………………… 102

第3節 文字等で伝える経験 ……………………………………………………… 108

第6章 感性と表現に関わる領域「表現」

第1節 子どもの豊かな感性 ……………………………………………………… 119

第2節 事例から領域「表現」を考える ……………………………………… 127

第3節 「幼児期の終わりまでに育ってほしい姿」と領域「表現」………… 133

第7章 3歳未満児の保育内容

第1節 3歳未満児の保育を支えるもの ……………………………………… 137

第2節 0歳児の保育内容 ………………………………………………………… 141

第3節 1歳児の保育内容 ………………………………………………………… 147

第4節 2歳児の保育内容 ………………………………………………………… 153

第8章 「養護」について

第1節 保育の場における「養護」……………………………………………… 159

第2節 生命の保持 ………………………………………………………………… 164

第3節 情緒の安定 ………………………………………………………………… 172

第9章 保育内容をめぐる展望と課題

第1節 幼保小の連携・接続と保育内容 ……………………………………… 181

第2節 特別な支援を必要とする子どもとその保育内容 ………………… 186

第3節 家庭連携と保育内容 …………………………………………………… 195

保育内容とは何か

この第1章では、保育内容とは何かについて学ぶ。まず、この保育内容総論で使用されている「保育」とは何かを踏まえた上で、「保育内容」とは何かを学んでいく。さらに、保育内容を構成する「養護」と「教育」について、また「領域」について知り、それらが一体的であり、相互関連的で総合的であることの意味について理解できることが、本章のねらいである。

第1節 「保育」とは何か

1 「保育」という用語の使われ方

みなさんは、「保育」という言葉からどのようなイメージを連想するだろうか。保育所でのイメージだろうか、それとも家庭での育児だろうか。意外と、「保育」のイメージは一様でないことに気付かされる。
『保育用語辞典』第6版には次のように記されている[1]

> 保育という用語は、広義には保育所・幼稚園の乳幼児を対象とする"集団保育施設"と、家庭の乳幼児を対象とする"家庭保育"の両方を含む概念として用いられているが、しかし、一般には狭義に保育所・幼稚園における教育を意味する用語として使用されている。

「保育」という言葉は、冒頭にも触れたように、「集団保育施設」においても、家庭においても用いられているのである。そして、本書においても、原則的には「集団保育施設」における保育の内容について扱うものとする。

2 「保育」という用語が意味するもの

「保育」という用語は、国際的には Early Childhood Care and Education（ECCE）あるいは、Early Childhood Education and Care（ECEC）

と呼ばれる。つまり，Care（ケア，養護）と Education（教育）が一体化した概念である。そのため，保育所の保育のあり方を示した「保育所保育指針」では，「保育」という概念は，「養護及び教育を一体的に行う」機能としてとらえられている。

一方，幼稚園で行っている行為は「教育」（学校教育）と位置づけられ，その内容は「幼稚園教育要領」に記されており，「教育内容」としてとらえられている。また，幼稚園と保育所が一体化した施設として認定こども園がある。認定こども園における保育内容については，「幼保連携型認定こども園教育・保育要領」に記されており，「教育及び保育の内容」の中で幼稚園教育と保育所保育の内容を一体的にとらえている。

では，幼稚園教育は「保育」ではないのだろうか。学校教育法第22条には，「幼児を保育し」と記されている。つまり，幼稚園教育においても，幼児を心身の発達を助長することを目的」として行う行為を「保育」と呼んでいるのである。幼稚園教育と保育所保育は，「学校教育」と「児童福祉」という制度的な背景やその目的の違いから，「教育」と「保育」と表現されている。

しかしながら，近年では，それらは両者の整合性を図りながら作成される流れにある。そのため，ここでは，幼稚園，保育所，認定こども園等の集団保育施設における保育の内容を「保育内容」として一体的にとらえることとする。

3 幼稚園と保育所の比較

では，幼稚園と保育所はどのように違うのか。図表1-1を参照いただきたい。幼稚園と保育所の違いを簡単に整理したものである。

まず，保育所は児童福祉施設であり，幼稚園は学校であるため，その目的が異なる。そのため，保育所では就労や一人親家庭等で「保育を必要とする」乳幼児が対象となるため，年齢も0歳児からとなる。一方，幼稚園は「義務教育及びその後の教育の基礎を培うものとして，幼児を保育し，幼児の健やかな成長のために適当な環境を与えて，その心身の発達を助長することを目的」（「学校教育法」第22条）とされており，満3歳児からが対象となる。

また，年齢だけでなく，保育時間も異なる。保育所は8時間なのに対して，幼稚園は4時間が標準となっている。ただし，幼稚園でも教育課程外の預かり保育を行っている園も多い。さらに，現在は，認定こども

園への移行が進められており，幼稚園と保育所の機能をあわせもつ施設
も増えている。そのため，免許・資格も，幼稚園教諭と保育士資格の両
方を取得する傾向が高まっている。現在では，両方の免許資格をもって
認定こども園に就労する保育者を「保育教諭」と呼んでいる。なお，本
書で幼稚園教諭，保育士両方を指す場合は，「保育者」と表記する。

　そして，保育所と幼稚園において，保育者一人に対する子どもの人数
比についても，違いがある。幼稚園では，幼稚園教諭が担当する1学級
当たりの人数は35名以下であるが，保育所では保育士一人当たり3歳
児20：1，4・5歳児30：1と異なる。世界的な状況から見ると，保育
者一人が見る子どもの数は決して少ないとはいえない。

図表1-1　保育所・幼稚園・認定こども園の違い

区分	保育所	幼稚園	幼保連携型認定こども園
所管・種別	厚生労働省・児童福祉施設	文部科学省・学校	内閣府・文部科学省・厚生労働省
対象	保育を必要とする0歳〜就学前	満3歳児〜就学前	3歳以上の幼児・保育を必要とする乳幼児
保育時間	原則として1日8時間。延長保育や夜間保育も実施	4時間を標準。その他，預かり保育	保育を必要とする乳幼児は8時間を原則・幼稚園児は4時間を標準
保育者の免許・資格	保育士資格	幼稚園教諭免許状（専修，1種，2種）	保育教諭（幼稚園教諭免許状と保育士資格を併有することが原則）
保育士等の配置基準	0歳児　3：1	1学級当たり幼児35人以下	0歳児　3：1
	1・2歳児　6：1		1・2歳児　6：1
	3歳児　20：1		3歳児　20：1
	4歳以上の幼児　30：1		4歳以上の幼児　30：1

◎筆者作成

4　幼児教育の基本

　なお，幼稚園教育要領には，第1章総則の第1に「幼稚園教育の基本」
が示されている。保育所保育指針にもこの内容が踏まえられている。保
育内容を理解する基盤ともなるものなので，ここでは幼児教育の基本と
して，5点に整理して示す。

①環境を通して行う
「幼児期における教育は，生涯にわたる人間形成の基礎を培う重要なも
のであり，（中略）幼児期の特性を踏まえ，環境を通して行うものであ
ることを基本とする」

第1章 保育内容とは何か

②幼児の主体的な活動とふさわしい生活
「(前略) 幼児の主体的な活動を促し,幼児期にふさわしい生活が展開されるようにすること」

③遊びによる総合的な指導
「(前略) 遊びを通しての指導を中心として第2章に示すねらいが総合的に達成されるようにすること」

④一人一人の特性や発達課題に応じた指導
「(前略) 幼児一人一人の特性に応じ,発達の課題に即した指導を行うようにすること」

⑤保育者の様々な役割
「(前略) 教師は,幼児一人一人の活動の場面に応じて,様々な役割を果たし,その活動を豊かにしなければならない」

　つまり,乳幼児期の保育は,生涯にわたる人間形成の基礎を培う重要なものであり,安心感のある生活を基盤に,子どもが主体的に環境に関わる遊びを中心に総合的に行われるものであり,保育者は一人一人の特性や発達に応じ,様々な役割を果たす中で,豊かな活動や成長を促す援助行為のことである。

第2節 保育内容とは何か

1 保育内容とは何か

　では,保育内容とは何か。『保育用語辞典』第6版には,次のようにある[2]。

> 幼稚園や保育所における保育の目標を達成するために展開される生活のすべてであり,望ましい人間形成の媒体となるものである。

　幼稚園教育要領第2章ねらい及び内容には,以下のように示されている。

この章に示すねらいは，幼稚園教育において育みたい資質・能力を幼児の生活する姿から捉えたものであり，内容は，ねらいを達成するために指導する事項である。各領域は，これらを幼児の発達の側面から，心身の健康に関する領域「健康」，人との関わりに関する領域「人間関係」，身近な環境との関わりに関する領域「環境」，言葉の獲得に関する領域「言葉」及び感性と表現に関する領域「表現」としてまとめ，示したものである。内容の取扱いは，幼児の発達を踏まえた指導を行うに当たって留意すべき事項である。

　各領域に示すねらいは，幼稚園における生活の全体を通じ，幼児が様々な体験を積み重ねる中で相互に関連をもちながら次第に達成に向かうものであること，内容は，幼児が環境に関わって展開する具体的な活動を通して総合的に指導されるものであることに留意しなければならない。

　なお，保育所保育指針第2章保育の内容では，次のようにも記されている。

　本章では，保育士等が，「ねらい」及び「内容」を具体的に把握するため，主に教育に関わる側面からの視点を示しているが，実際の保育においては，養護と教育が一体となって展開されることに留意する必要がある。

　保育所の場合，幼稚園の場合の5領域（教育）の内容に加え，養護の内容についても示している。

　以上のことを踏まえ，保育内容とは，園生活を通して修了までに育つことが期待されるねらいを達成するための内容（養護と教育）であり，それは，子どもが環境に関わって展開する具体的な活動を通して総合的に指導されるものである，といえる。つまり，園生活の中で子どもが環境に関わって行う遊びや生活全体を通して，卒園までに育てたい内容のことだといえよう。

2 「教育」と「養護」の一体性について

　保育内容とは，園生活を通して修了までに育つことが期待されるねらいを達成するための内容である。その内容には，幼稚園で示している「5領域（教育）」に加え，保育所保育では「養護」が位置づけられている。まずは，この教育と養護について整理し，その「ねらい」について示すこととする（図表1-2参照）。

　教育の部分に当たる内容は，5領域と呼ばれる。それは，先にも示したように，心身の健康に関する領域「健康」，人との関わりに関する領

第1章 保育内容とは何か

域「人間関係」，身近な環境との関わりに関する領域「環境」，言葉の獲得に関する領域「言葉」，感性と表現に関する領域「表現」がある。これらは，幼児の発達の視点からとらえたものであり，子どもが経験している内容について5つの窓口から見る視点である。

一方，養護の部分に当たる内容は，2つの視点からとらえられる。その一つが「生命の保持」であり，もう一つが「情緒の安定」である。

そして，この「教育」と「養護」は，その援助や指導が別々に行われるのではなく，一体的にとらえられることが特徴である。たとえば，保育者が子どものおむつ替えを行う場面を考えてみよう。保育者がおむつを丁寧に替えてくれることは，子どもの側からすれば，清潔で快適な生活を行う等の「養護」的な側面への援助行為である。またその一方，健康な生活習慣を身に付けるための援助であり，保育者への信頼感や愛情をもつことにもつながる援助でもあり，領域「健康」や「人間関係」等にも通じる「教育」的な関わりでもある。

つまり，教育と養護の内容は，簡単に分けられるものではなく，子どもの園生活を通して，一体的にとらえていくことが大切である。教育と養護が一体的であることについて，事例を通して見てみよう。

事例1 1歳児新入園児ミサト　4月の午睡

1歳クラスから入園してきたミサトは，緊張が強い子です。遊びや食事は少し慣れてきたのですが，午睡の準備が始まることが分かると，不安がとても強まりました。新入園児が多いクラスであったため，泣く子も多く，おんぶしたり，保育士の膝にのせて午睡用のバスタオルでくるんだりして，その子が安心する寝かしつけをしていました。しかし，ミサトの泣き方があまりに激しかったため，家での寝かしつけ方を保護者に聞いてみました。すると，母が仕事で忙しいため，父が添い寝することが多く，父の耳を触るのが好きだとの話を聞くことができました。そのため，園でも積極的にスキンシップを行い，抱っこしながら絵本を読んだり，布団やバスタオルでくるみながら一緒に横になって歌をうたったりしてみました。また，泣いたときにも，「大丈夫だよ」「○○ちゃんかわいいなー」「風が気持ちいいねー」「起きたら何して遊ぼうか」と静かなゆっくりとした，安心感を与えるような声かけをし，眠りつくまで抱いたまま対応しました。しばらくは，ほかの子とは離して別室対応で寝かしつけをすることで，担任保育士との信頼関係をつくっていくことや，安心して眠れる時間をつくることを最優先にしていきました。する

と，次第に眠れる時間が長くなっていきました。

　保育所は，長時間の保育が行われ，3歳未満の幼い子どももたくさん生活する場でもある。そのため，子どもが安全で，安心な気持ちで生活できることがとても重要である。ミサトのように緊張の強い子どもの場合，家庭での状況を聞きながら，スキンシップ等不安に寄り添うような関わりがとても大切だ。まさに，「生命の保持」や「情緒の安定」につながる「養護」的な側面である。しかし，このような丁寧な関わりを通して，午睡の習慣を身に付けること（健康）につながったり，保育者との信頼関係を形成（人間関係）したり，多様な言葉を聞く経験（言葉）につながる等，「教育」の側面も含んでいる。このような安心感が形成されるからこそ，遊びにも積極的に取り組むことにもつながってくのである。このようなことから，「養護」と「教育」は切り離せるものではなく，一体的なものとしてとらえていくことが大切である。

図表1-2　保育内容の構造（教育と養護）

保育内容		
教育		健康
		人間関係
		環境
		言葉
		表現
養護		生命の保持
		情緒の安定

3 ねらいと内容──「生きる力」の基礎となる心情，意欲，態度

　保育内容は，ねらいと内容から構成されている。「ねらい」とは，修了までに育つことが期待される生きる力の基礎となる心情，意欲，態度等を指す。そのねらいを達成させるための事項が「内容」である。
　まず，生きる力の基礎となる心情，意欲，態度とは何かを考えてみよう。「生きる力」とは，1996（平成8）年7月の中央教育審議会の中で示された言葉であり，これからの子どもたちは，いかに社会が変化しようと

第1章 保育内容とは何か

も「自ら課題を見つけ，自ら学び，自ら考え，主体的に判断し，行動し，よりよく問題を解決する資質や能力」のことである。1998（平成10）年の学習指導要領改訂以降，2008（平成20）年の改訂にも引き継がれている。幼稚園教育要領や保育所保育指針にもその理念が示されている。

その「生きる力」の基礎となるのが，「心情，意欲，態度」である。最近では，経済学者のヘックマンの研究[3]等では，幼児教育において知的なものよりも，意欲や態度等の非認知能力の重要性が注目され，再認識されている。OECDは，社会情動的スキルとして，「目標の達成」（忍耐力，自己抑制，目標への情熱），「他者との協働」（社交性，敬意，思いやり），「情動の制御」（自尊心，楽観性，自信）を挙げている[4]。注目されている非認知能力（社会情動的スキル）と「心情，意欲，態度」はイコールではないが，共通性の大きいものである。このように，乳幼児の保育においては，「できた」「できない」等の知識や技能あるいはその到達度が優先されるのではなく，その子自身が自らやろうとする心情や意欲，態度を育てることがねらいとして大切にされているのである。

そして，そのねらいを達成させる事項が「内容」である。具体的にとりあげてみよう。5領域の中の一つ，領域「健康」を例にしてみたい。

例）領域「健康」のねらいと内容（一部抜粋）

1　ねらい
(1)　明るく伸び伸びと行動し，充実感を味わう。
(2)　自分の体を十分に動かし，進んで運動しようとする。
(3)　健康，安全な生活に必要な習慣を身に付け，見通しをもって行動する。

2　内　容
(1)　先生や友達と触れ合い，安定感をもって生活する。
(2)　いろいろな遊びの中で十分に体を動かす。
(3)　進んで戸外で遊ぶ。
(4)　様々な活動に親しみ，楽しんで取り組む。
(5)　先生や友達と食べることを楽しみ，食べ物への興味や関心をもつ。

領域「健康」は心身の健康に関する領域であり，ねらいは3項目，内容は10項目ある。たとえば，幼稚園の3歳児の4月の入園当初の場面を考えてみよう。

事例2 3歳児4月当初の園生活

4月の入園当初は，保護者と離れて初めての集団生活を行う子どもが

多い。そのため，不安を感じる子どもも多い。そこで，保育者は，４月の入園当初のねらいを「安心して園生活を送る」とした。泣いて登園する子どもがいたり，保護者と離れることを嫌がる子どもも多い。そのため，保育者は，子どもが安心感をもちやすい小動物を靴箱の前に置いたり，保育室には家庭にもあるようななじみやすいおもちゃを用意し，遊びが分かりやすいような環境設定を行った。体を動かしたい子どものためにテラスにマットや巧技台を置いた。

　A児は保護者からなかなか離れずに２，３日は保護者と一緒に一日を過ごしていたが，小動物との関わりで次第に保育者に心を開くようにもなってきて，保護者がいなくても過ごせるようになってきた。また，B児は，電車と線路のおもちゃが気に入り，ほかの子どもとの関わりも楽しみ始めている。C児は，テラスのマットで転がったり，巧技台からジャンプする等の遊びを楽しみ，園生活が楽しくなってきている。

　さて，この事例から「ねらい」と「内容」を考えてみたい。A児は小動物に触れ，保育者への安心感をもち始めている。B児は電車のおもちゃが気に入り，友達との関わりも楽しんでいる。C児は体を動かす遊びを楽しんでいる。これを領域「健康」の「ねらい」と「内容」に当てはめてみよう。「内容」から見てみると，A児は(1)との関わりが見え，B児は(4)との関わりが見え，C児は(2)との関わりが見える。(3)の戸外はまだほとんどないが，この後，体を動かす遊びの場はテラスから園庭に広げていく展開が見られた。このように，４月の当初の子どもの姿の中でも，領域「健康」に関わる内容が充実して行われていることが分かる。

　そして，「ねらい」のほうであるが，こうした４月当初の子どもの経験が，３つのねらいの達成にも関連している。まず，ねらい(1)の「充実感を味わう」まではいかないが，保育者のかかわりなどによる安心感を培う中で，「明るく伸び伸びと行動」も少しずつ生まれていることがわかる。ねらい(2)の「自分の体を十分に動かし……」も，B児らのようにテラスでの体を動かして遊ぶ姿が活気づき，少しずつ体を動かす姿が広がり始めている。ねらい(3)の「必要な習慣」については事例では触れていないが，かばんや帽子をロッカーにかけたりするなどのことを通して，少しずつねらいが達成されつつある。

　このように，この時期の発達や個々の個性に応じた子どもへの関わりや環境構成を通して，その「内容」が経験され，その時期なりの「ねらい」が少しずつ達成されている。これが，５歳児の卒園前では，クラス

第1章 保育内容とは何か

の仲間との一体感を通して思い切り自己発揮し，協力して活動を進めたり，自分から挑戦するような運動を行ったり，自ら進んで片づけを行ったりする姿が見えるようになる等，領域「健康」の3つのねらいがより高度に達成される姿も見られるようになってくる。

第3節 遊びが学びであること――5領域の総合性

1 「5領域」が総合的，相互関連的であること

さて，話を5領域に戻してみよう。5領域のポイントは以下のように示されている。

- **健康** 健康な心と体を育て，自ら健康で安全な生活をつくり出す力を養う。
- **人間関係** 他の人々と親しみ，支え合って生活するために，自立心を育て，人と関わる力を養う。
- **環境** 周囲の様々な環境に好奇心や探究心を持って関わり，それらを生活に取り入れていこうとする力を養う。
- **言葉** 経験したことや考えたことなどを自分なりの言葉で表現し，相手の話す言葉を聞こうとする意欲や態度を育て，言葉に対する感覚や言葉で表現する力を養う。
- **表現** 感じたことや考えたことを自分なりに表現することを通して，豊かな感性や表現する力を養い，創造性を豊かにする。

保育内容の5領域は，遊びを通して総合的に指導するものとして示されているが，どのようなことだろうか。保育内容の5領域は，総合的であり，相互関連的であるともいわれる。5領域はそれぞれが関連していて，分けがたいものであるということであるが，どういうことか。事例を通して考えてみよう。

事例3 泥だんごにひびが入っちゃった（4歳児）[5]

4歳児のA児はだんご工場と呼ばれる園庭の砂場の裏側で，泥だんごをつくっていました。A児はいつでも上手におだんごをつくるB児やC児のようにつくりたいと思っているようです。そのため，何度もB児やC児のほうをちらちらと見ながら，砂をかけて指でこする等，やり方をまねてつくっています。B児が水を足すと，自分も水を足します。自分のそばでずっとつくっているA児を見て，B児は「うまいじゃん」と声をかけます。すると，A児は嬉しそうににっこり笑いました。しばらく

はうまくいっていたのですが，30分くらい経つとA児のだんごはひび
が入って，割れてしまいました。C児から「ざんねーん」とちょっと馬
鹿にされたように言われると，涙が出てきてしまい，近くにいた先生の
所に走って行き，しばらく先生に抱っこされていました。そして，自分
ががんばってだんごをつくったけどうまくできず，抱っこされて，いや
だった気持ちを先生に話し，気持ちが落ち着くと，また新しい泥だんご
をつくり始めました。

　この記録は，学生が幼稚園の実習で，遊びの場面を記録したもの。こ
の時期，4歳児は戸外で泥だんごづくりに夢中になっており，友達と関
わりながら遊ぶ姿が見られていたとのことである。さて，この事例3か
ら，5領域のどの領域の経験をしているかについて，幼稚園教育要領の
5領域の内容を見ながら，探ってみよう。

　ざっと見てみると，次のことが該当するのではないかと考えられる。
• 泥だんごづくりに親しみ，楽しむ姿
　→「様々な活動に親しみ，楽しんで取り組む」（「健康」内容(4)）
• 友達や保育者と親しんで関わる姿
　→「先生や友達と共に過ごすことの喜びを味わう」（「人間関係」内容(1)）
• 土，砂，水等に触れて，形づくることに心を動かす経験
　→「自然に触れて生活し，その大きさ，美しさ，不思議さなどに気付
　　く」（「環境」内容(1)）
• 悲しかった経験を保育者に話す経験
　→「したり，見たり，感じたり，考えたりしたことを自分なりに言葉
　　で表現する」（「言葉」内容(2)）
• 土や水という素材に触れながら，つくり方を工夫する経験
　→「いろいろな素材に親しみ，工夫して遊ぶ」（「表現」内容(5)）

　このように見てみると，5領域すべてに関わっていることが分かる。
もちろん，子どもの遊びや活動がすべて5領域に関わっているとは限ら
ない。しかし，子どもの遊びを5領域の窓口から見てみると，複数の領
域が相互に関連していることが分かる。保育内容が総合的であり，相互
関連的であるというのは，このためである。
　このことが，小学校以上の教科との大きな違いである。小学校以上は，
国語，算数，理科，社会，音楽，図画工作，体育等，それぞれ教科が独

第1章 保育内容とは何か

立している。そのため，空き箱製作は，小学校の場合は「図画工作」と位置づけられる。しかし，保育の場合は違う。空き箱製作は造形としてどのように工夫してつくるか（表現）だけでなく，保育者や友達との関わる経験（人間関係）であり，それを使ってごっこ遊びのイメージを膨らませる経験（言葉）等，様々な領域の相互関連的な経験として見ることができる。

2 遊びが学びであること

つまり，乳幼児期の遊びは，子どもにとって総合的な学びを行うものとして位置づけられるのである。だからこそ，子どもが自分の興味関心のある遊びに熱中・集中して取り組むことを保障するのが，乳幼児教育の特徴なのである。そのため，保育者は，子どもの遊んでいる姿から，そこで子どもが何に興味関心をもち，何を経験している（学んでいる）のかを読み取ることが不可欠となる。

事例4 アヤカとサキの紙芝居づくり（4歳児）

アヤカは体調不良のための休み明けに，家で描いた絵をもって登園してきた。休みがちで，なかなか自分を出せないアヤカを担任はとても心配していた。その絵を嬉しそうに見て，アヤカに一つ一つ感じたことを話した。アヤカはとてもおとなしい子であるが，嬉しそうな表情をしていた。周りには，ほかの遊びをしていたたくさんの子が群がってきた。その中で，アヤカの絵に興味をもったサキは，アヤカに「一緒にお話をつくろう」と提案した。アヤカは恥ずかしそうにうなずいた。ここから，二人のお絵かきが始まる。サキがイメージを言い，アヤカがそれを描いていく。二人の女の子のお話になってきた。片づけの時間となり，担任は二人に声をかけて，それをみんなに紹介したいと提案した。二人は恥ずかしそうであったが，担任が読むということで納得した。4，5枚の絵であったが，担任が紙芝居風にして読むと，クラスのみんなはとても興味をもった。翌日，紙芝居づくりのコーナーを用意すると，ほかの子どもたちにもお話づくりが広まっていった。アヤカとサキもさらに続きのお話をつくり始め，二人はとても熱中しながら何日もこの遊びを続けていった。

この事例は，なかなか自分を出せないアヤカが家から絵をもってきた

ことをきっかけに，保育者がそれを丁寧にとりあげると，サキとの出合いもあり，アヤカは紙芝居づくりに熱中し，いきいきとした姿が見られるように変化していった事例である。まさに，遊びがアヤカの世界を広げていったプロセスが見える。保育者は，アヤカが絵を描くことが好きであることを読み取り，とっさにそれに応答している。保育者が丁寧に関わることで，絵やお話づくりを通してほかの子とのつながりも生まれた。

　このように，子どもが経験している内容や課題等も読み取ることができるからこそ，次にどのような環境を提供すればよいか等，次の計画が生まれるのである。空き箱製作からロケットをつくり出し，宇宙のイメージが広がっていたとすれば，翌日，宇宙やロケットに関連するような科学絵本や図鑑等を絵本コーナーに準備しておくという手立ても考えられる。そのことは，「身近な自然の事象に関心」をもつ経験（環境）につながっていくのである。あるいは，つくったロケットを戸外で飛ばすことに興味が向けば，「進んで戸外で遊ぶ」経験（健康）にもつながっていくであろう。

　だから，保育者は子どもの遊びが充実するような援助を行っていくことが，保育内容の充実につながっていくのである。しかし，遊びの援助においては，常に5領域を意識しながら保育をするわけではない。遊びが充実していくことは，多様な経験につながっていくので，結果的に5領域に関連した内容になっていることが多い。そのため，領域ごとの経験は，実際の各月の実際の活動や経験内容を通して，後追い的にとらえていくことになるだろう。

3 幼児期の終わりまでに育ってほしい姿（10の姿）
——小学校との接続も踏まえて

　2017（平成29）年告示の3法令の改訂（改定）では，幼稚園・保育所・幼保連携型認定こども園は幼児教育施設であり，小学校以上の教育につながっていくものとして位置づけられた。そのため，幼児教育における「遊びによる総合的な指導」は，小学校以上の学校教育と共通する力の育成を行うものであるため，「幼児教育において育みたい資質・能力」の3つの柱が定義づけられた。それは，図表1-3のとおりである。

13

第1章　保育内容とは何か

図表1-3　幼児教育において育みたい資質・能力

小学校以上
| 知識・技能 | 思考力・判断力・表現力等 | 学びに向かう力・人間性等 |

※下に示す資質・能力は例示であり，遊びを通しての総合的な指導を通して育成される。

〈環境を通して行う教育〉

幼児教育

知識・技能の基礎
（遊びや生活の中で，豊かな体験を通じて，何を感じたり，何に気付いたり，何が分かったり，何ができるようになるのか）

思考力・判断力・表現力等の基礎
（遊びや生活の中で，気付いたこと，できるようになったことなども使いながら，どう考えたり，試したり，工夫したり，表現したりするか）

- 基本的な生活習慣や生活に必要な技能の獲得
- 身体感覚の育成
- 規則性，法則性，関連性等の発見
- 様々な気付き，発見の喜び
- 日常生活に必要な言葉の理解
- 多様な動きや芸術表現のための基礎的な技能の獲得　等

- 試行錯誤，工夫
- 予想，予測，比較，分類，確認
- 他の幼児の考えなどに触れ，新しい考えを生み出す喜びや楽しさ
- 言葉による表現，伝え合い
- 振り返り，次への見通し
- 自分なりの表現
- 表現する喜び　等

遊びを通しての総合的な指導

- 思いやり　●安定した情緒　●自信
- 相手の気持ちの受容　●好奇心，探究心
- 葛藤，自分への向き合い，折り合い
- 話合い，目的の共有，協力
- 色・形・音等の美しさやおもしろさに対する感覚
- 自然現象や社会現象への関心　等

学びに向かう力・人間性等
（心情，意欲，態度が育つ中で，いかによりよい生活を営むか）

・3つの円の中で例示される資質・能力は，5つの領域の「ねらい及び内容」及び「幼児期の終わりまでに育ってほしい姿」から，おもなものを取り出し，便宜的に分けたものである。

◎文部科学省「幼児教育部会における審議の取りまとめ（平成28年8月26日）」より引用

　さらに，「幼児期の終わりまでに育ってほしい姿」（10の姿）が示された（図表1-4）。これは，5領域の内容を整理して，5歳児後半くらいまでに育つであろう姿や，保育者が重点的に育てようとするであろう姿を，5領域の中から抽出して示したものである。資質・能力の3つの柱を踏まえて具体的な姿として整理されている。この10の姿を小学校にも伝えていくことで，小学校は子ども主体の遊びが学びである姿を受けて，小学校1年生をスタートさせるのである。つまり，10の姿を通して，小学校との接続がより明確になっていくことが意図されている。

　ただし，これは5歳児終了までに必ずできるように育てなければなら

ないという到達目標ではないことに留意が必要である。また，この10の姿は，5歳児のみならず，その以前の年齢においても活用が可能である。事例3の泥だんごの事例を5領域で見ていったのと同じように，10の姿に照らし合わせて子どもの学びを見える化（可視化）したり，保育を振り返り，対話し，家庭や小学校に発信していくツールとしても活用できる。

図表1-4　5領域と10の姿の関連性

5領域	10の姿
①健康	健康な心と体
②人間関係	自立心
	協同性
	道徳性・規範意識の芽生え
	社会生活との関わり
③環境	思考力の芽生え
	自然との関わり・生命尊重
	数量や図形，標識や文字などへの関心・感覚
④言葉	言葉による伝え合い
⑤表現	豊かな感性と表現

4　3歳未満児と領域

また，2017年告示の保育所保育指針では，2008年の改定で告示化のために大綱化されて縮められた，乳児と1歳以上3歳未満児の保育に関わるねらいと内容の記述を大幅に加えている。そのため，1歳以上3歳未満児には5領域の視点から「ねらい及び内容」が入った。また，乳児には「健やかに伸び伸びと育つ」「身近な人と気持ちが通じ合う」「身近なものと関わり感性が育つ」という3つの視点が示されている（図表1-5）。

乳児では「特定の大人との応答的な関わり」，つまり愛着形成のための関わりとして，「応答的」「受容的」であることが強調されている。また，3歳未満児保育にも5領域の視点が入った背後には，よりきめ細かに子どもを理解し，育てようとする方向性を模索することを読み取ることができる。単に赤ちゃんの生活のお世話をすればよいのではなく，その子が自ら育とうとする姿をより丁寧に見て関わることが求められるのである。

第1章 保育内容とは何か

図表1-5 0歳児の保育内容の記載のイメージ

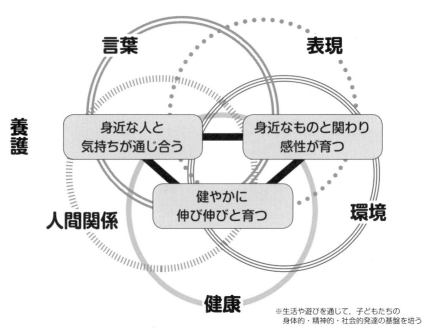

※生活や遊びを通じて，子どもたちの
身体的・精神的・社会的発達の基盤を培う

○乳児保育については，生活や遊びが充実することを通して，子どもたちの身体的・精神的・社会的発達の基盤を培うという基本的な考え方を踏まえ，乳児を主体に，「身近な人と気持ちが通じ合う」「身近なものと関わり感性が育つ」「健やかに伸び伸びと育つ」という視点から，保育の内容等を記載。保育現場で取り組みやすいものとなるよう整理・充実。
○「身近な人と気持ちが通じ合う」という視点からは，主に現行指針の「言葉」「人間関係」の領域で示している保育内容との連続性を意識しながら，保育のねらい・内容等について整理・記載。乳児からの働きかけを周囲の大人が受容し，応答的に関与する環境の重要性を踏まえ記載。
○「身近なものと関わり感性が育つ」という視点からは，主に現行指針の「表現」「環境」の領域で示している保育内容との連続性を意識しながら，保育のねらい・内容等について整理・記載。乳児が好奇心を持つような環境構成を意識して記載。

◎厚生労働省「保育所保育指針の改定に関する議論のとりまとめ（平成28年12月21日）」

 ## 第4節 我が国の保育内容の変遷

1 戦前・戦時下の保育内容
―― 4項目から5項目等へ，そして戦時下

最後に，我が国の保育内容の変遷を見ていこう。ここでは，4つの時期に分けて説明することとする。

我が国の初めての幼稚園は1876（明治9）年に設置された東京女子師範学校付属幼稚園（現・お茶の水女子大学附属幼稚園）である。保育科目（内容）としては，物品科・美麗科・知識科の3科があり，そこにはフレーベルの恩物，計数，唱歌，談話，遊戯等25の項目が含まれていた。フレーベル主義に基づくとされていたが，実際には一斉指導的な要素が強かった。その改革を行った人物が倉橋惣三である。倉橋は子ども中心の保育への転換をはかり，子どものさながらの生活である遊びや戸外活動等を強調した。そのため，子どもの自由な遊びが重視されるように変化していった。

　幼稚園についての初めての独立した勅令が「幼稚園令」（1926（大正15）年）の制定である。保育内容に当たる保育項目として，従来の遊戯，唱歌，談話，手技の4項目に「観察」と「等」が加わり，「遊戯，唱歌，観察，談話，手技等」となった。「遊戯」は自由遊戯（自由遊び）と律動遊戯（音楽や唱歌を伴った集団遊戯）。「唱歌」は幼児に分かりやすい歌詞が取り入れられるようになった。「観察」では，ありのままに事物を直面して見聞を広めるもので，飼育栽培等が行われた。「談話」は，昔話，童話，科学的知識の話，教訓的な話，行事に関する話等が行われた。「手技」は折り紙，切り絵，豆細工等が盛んに取り入れられた。「等」については，各園で5項目以外も自由に取り入れられるように設けられたのである。

　しかし，国家の戦時体制により，「幼稚園に関する要綱」（1938（昭和13）年）が採択され，国家中心の国民的な幼稚園としての指針が打ち出された。保育内容はしつけや体育等の鍛錬が重視され，戦争に関する歌や共同遊戯が盛んに行われるようになった。保育所の前身である託児所も，幼稚園同様，鍛錬，訓練，国旗掲揚，国歌斉唱等がよく行われ，戦時色の濃いものとなった。

2 「保育要領」時代の保育内容
── 「楽しい幼児の経験」14項目時代

　第二次世界大戦終結後，1947（昭和22）年には，教育基本法，学校教育法が制定され，幼稚園は学校として位置づけられた。その一方で，同年，児童福祉法も制定され，託児所は保育所に改称され，児童福祉施設として位置づけられた。

　そして，翌年1948（昭和23）年には，幼児教育内容調査委員会が設置され，「保育要領」が戦後の新しい幼児教育の方向を示す手引書として，文部省から刊行された。この保育要領は，幼稚園の保育内容・方法の基

準を示すものであると同時に，保育所や家庭でも役立つものとして作成されている。作成に当たっては，GHQ教育顧問のヘレン・ヘファナン（H. Heffernan）の部分的な示唆があったといわれている。彼女はアメリカの進歩主義教育の流れをくむ人物であり，日本側の委員であった倉橋惣三の考え方と近く，保育要領には倉橋の保育論が生かされている。

　その特徴は，幼児の生活全般を保育内容とし，幼児の自発的な活動としての遊びを重視するものである。幼稚園及び保育所の一日の標準的な流れ等も示された。具体的な保育内容は，「楽しい幼児の経験」とされ，「見学，リズム，休息，自由遊び，音楽，お話，絵画，制作，自然観察，ごっこ遊び，劇遊び，人形芝居，健康保育，年中行事」の14項目が挙げられている。

3 昭和31年・39年「幼稚園教育要領」時代の保育内容 ──6領域の時代

　1956（昭和31）年には，保育要領が改訂され，「幼稚園教育要領」が刊行された。保育要領は「保育の手引書」程度の位置づけであったが，幼稚園教育要領は国の示す最低基準としての性格が与えられた。その保育内容は，「健康，社会，自然，言語，音楽リズム，絵画制作」の6領域として示された。この6領域には，「幼児の発達上の特質」「望ましい経験」が具体的に列挙されている。これらの領域は，小学校以上の「教科」とは異なるものだが，小学校の教科のように扱われる誤解も生じた。

　1964（昭和39）年に，この幼稚園教育要領は改訂された。それは上記のように，31年教育要領が小学校の教科のように取り扱われる実態があったためである。そのため，6領域はそのまま変更せずに，それぞれの領域に「望ましい経験」ではなく，「ねらい」を示すことにした。その「ねらい」は，「相互に密接な関連があり，幼児の具体的，総合的な経験や活動を通して達成されるもの」とした。それは，教科的な位置づけとは異なる領域が相互関連的で総合的であることを示すものであった。しかし，実態としては，ねらいを達成するために望ましい活動を計画的に展開する，子どもの活動を盛り上げる活動中心主義の考え方が広まることになった。

　また，1965（昭和40）年に厚生省は「保育所保育指針」を作成した。これは，保育所独自の内容を示すと同時に，幼稚園との共通性を示すものであった。しかし，教育要領が国の告示文書として法的拘束力をもつ

ものであったことに対して，保育指針はガイドラインという参考資料としての位置づけであった。保育所保育は，養護と教育が一体となる営みであるとし，年齢ごとの「発達上のおもな特徴」「保育のねらい」「望ましいおもな活動」「指導上の留意事項」を具体的に示すものであった。

4 平成元年「幼稚園教育要領」・平成２年「保育所保育指針」以降の保育内容──５領域の時代

1989（平成元）年に「幼稚園教育要領」が，その翌年1990（平成２）年に「保育所保育指針」が改訂（改定）された。この改訂はひじょうに大きなものであり，従来の保育指針や教育要領は子どもの人格形成を担う教育としてふさわしくない実態があるとし，子どもの姿に即した，子ども主体の保育の実践を目指して見直しが行われたのである。

幼稚園教育要領は，「環境を通しての教育」が保育の基本であるとし，①幼児期にふさわしい生活の展開，②遊びを通しての総合的指導，③一人一人の発達の特性に応じた指導の３点を重視する事項として挙げている。その保育内容は，「健康，人間関係，環境，言葉，表現」の５領域とし，それぞれにねらいと内容が位置づけられた。特に，小学校の教科との違いを明確にし，子どもの発達をとらえる視点として領域が位置づけられている。

一方，保育所保育指針は，これまでの養護と教育の一体性を明示し，養護面や３歳未満児保育の内容の充実を図った。３歳以上の教育内容については，幼稚園教育要領とおおよそ共通しており，子ども主体の保育として位置づけている。

その後，時代の要請の中で，教育要領と保育指針は，1998年と1999（平成11）年，さらに2008年に改訂（改定）を行っている。2008年の保育指針の改定では，厚生労働大臣告示という位置づけとなり，規範性のある基準としての性格が明確化された。2014（平成26）年には，幼保連携型認定こども園の教育保育要領が制定され，幼稚園教育要領・保育所保育指針双方の内容を踏まえたものが生まれた。

さらに，2017年にはこの３法令が初めて同時改訂（改定）され，環境を通した教育，乳児期からの学びの連続性，小学校との接続等がより明確になった。３つの資質能力や幼児期の終わりまでに育ってほしい10の姿等が示されたが，保育内容の５領域の基本的な内容について大きな変更はなく，現在に至っている。

第1章 保育内容とは何か

① 養護と教育が一体的とはどのような意味か。事例を挙げて説明しよう。
② 保育内容が総合的,相互関連的とはどのような意味か。事例を挙げて説明しよう。
③ 遊びが学びとはどのようなことか。事例を挙げて説明しよう。
④ 一つの事例から,10の姿がどのように含まれているか実際に挙げよう。
⑤ 6領域時代と5領域時代はどのような違いがあるか。具体的に説明しよう。

引用文献

1 森上史朗・柏女霊峰編『保育用語辞典――子どもと保育を見つめるキーワード』第6版,ミネルヴァ書房,2010年,1頁
2 前掲書,52頁
3 ヘックマン,J. J.『幼児教育の経済学』古草秀子訳,東洋経済新報社,2015年
4 OECD「家庭,学校,地域社会における社会情動的スキルの育成 国際的エビデンスのまとめと日本の教育実践・研究に対する示唆」池迫浩子ほか訳,ベネッセ教育総合研究所,2015年
5 大豆生田啓友ほか編『保育内容総論』ミネルヴァ書房,2011年,10頁

参考図書

◎ 厚生労働省「保育所保育指針解説」2018(平成30)年
◎ 文部科学省「幼稚園教育要領解説」2018(平成30)年
◎ 内閣府・文部科学省・厚生労働省「幼保連携型認定こども園教育・保育要領解説」2018(平成30)年

心身の健康に関する領域「健康」

領域「健康」は「健康な心と体を育て，自ら健康で安全な生活をつくり出す力を養う」とあるとおり，心と体の双方における健康についての領域である。

人間は心身不可分という言葉が表すとおり，心と体が一体的であるといわれる。乳幼児期はそれがさらに未分化な状態であり，心と体の健康を一体的に検討することがその発達に即したものになる。

本章ではそれを踏まえた上で，領域「健康」について，体を動かす経験，基本的生活習慣，安全習慣を中心に述べていく。

第1節 健康な心と体を育てる

1 体を動かす楽しさ，おもしろさ

図表2-1は子どもの運動能力に関する調査結果であるが，この調査では，①どのような運動を行うか，②運動のやり方，③決まりやルール，④目標や課題のそれぞれを指導者が決めているか，子どもが決めているかのそれぞれの項目において5段階評定で回答を求め，その合計点を「遊び指向得点」とし，その点数に応じて「低群」「中群」「高群」の3段階に分類したものである。

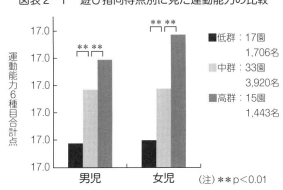

図表2-1 遊び指向得点別に見た運動能力の比較

(注) $**p<0.01$

◎杉原・河邉，2014年

第2章 心身の健康に関する領域「健康」

　遊び指向得点「低群」とは，子ども自身が決めることが少ない園，つまり指導者側でやることやルール等を決めることが多い園となる。一方「高群」は子ども自身がルール等を決めることの多い園である。
　図表2-1を見て分かるとおり「高群」の園の子どもたちの運動能力が一番高い。つまり，保育者等の大人が指示をし，子どもがそのとおりに行動するよりも，子どもや子ども同士でしたいことを考えたり，ルールを決めたりとしているほうが運動能力の向上が見込めるのである。
　その子ども（たち）自身が決めることの一番多いものは，やはり遊びであろう。子どもたちは遊びの中で「何をしようか」「どうやって遊ぼうか」「こうしたらおもしろいかも！」と日々考えながら遊んでいる。その原動力になっているのが楽しい，おもしろいといったポジティブな感情であり，これらの思いがあるからこそ夢中になって遊び込む。そして遊び込んだ結果，子どもたちの運動能力が知らず知らずに育っているのである。
　さらに，大人にさせられることよりも子ども（たち）がいろいろと考えて遊ぶほうが運動能力の向上に寄与しているのであれば，心身不可分であることから，心の成長についても同じ傾向であるといえるのかもしれない。そうであれば，子どもの心と体の健康に遊びはとても重要な役割を果たすことができる。
　では，子どもたちをただ遊ばせておけば運動能力の向上が見込めるのだろうか。現代の子どもたちの環境や経験を考えると，遊ばせっぱなしでは遊びが貧弱になり，運動能力の向上が望めない可能性もある。
　子どもたちは今までの経験を元に考えたり，決めたりする。しかし，多様な経験が少ない子どもたちにとっては判断材料が乏しくどのようにしてよいかも分からず，子どもたちだけで遊びを発展させていくことがむずかしい場合もある。だからこそ環境構成と保育者の援助は欠くことができないのである。
　特に運動に関しては，近年，子どもたちの体を動かす経験が減少しているとされている。たとえば，文部科学省が2012（平成24）年に作成した「幼児期運動指針ガイドブック」では，「幼児期における身体活動の現状と問題点」という項目で，「多様な動きを含む遊びの経験が少なくなってきている」，「体を動かして遊ぶ時間や環境は少なくなっている」ことを複数の調査を挙げて示している。
　このような体を動かす経験が少ない子どもだけを放任にし，遊ばせっぱなしにすることで運動能力が向上するとは考えにくい。だからこそ，

あくまで主体は子どもでありつつも，子どもたちが体を動かしたいと思えるような環境構成や遊びが継続，発展できるように保育者が援助していく必要がある。これは保育の基本でもあるが，子どもの運動能力向上に関しては特に重要なこととなるのである。

2 幼児期の運動能力とは

　前項で挙げたように現代の子どもたちを取り巻く環境や生活様式の変化等により，子どもが体を動かして遊ぶ機会が少なくなってきている。その現状を改善するために，文部科学省は2012年に「幼児期運動指針」を通知した。

　その指針の内容を具体的に示した「幼児期運動指針ガイドブック」には「幼児は様々な遊びを中心に，毎日，合計60分以上，楽しく体を動かすことが大切です！」とした上で，幼児期の運動指導のポイントとして次の3点挙げている。

　1．多様な動きが経験できるように様々な遊びを取り入れること
　2．楽しく体を動かす時間を確保すること
　3．発達の特性に応じた遊びを提供すること

◎文部科学省，2012年

　2に関しては前項で述べたとおり，楽しいという思いが運動能力の向上の基盤となるのだからこそ，その時間を確保する必要がある。

　また，3の幼児期の運動に関する「発達の特性」とは，1「多様な動き」が発達の特性をとらえる上で一つのキーワードになる。

　幼児期はたとえば筋力トレーニングをして筋肉がつくといった時期ではない。単一運動を繰り返して，その運動だけに必要な能力を獲得するような時期ではないからである。

　幼児期は多様な動きを経験し，体を上手に動かせるようになる時期であり，さらに多様な運動刺激を感じ，体内の様々な神経回路を複雑に張り巡らせていく時期なのである。

　それではその「多様な動き」とはどのようなものであろうか。「幼児期運動指針ガイドブック」では，「幼児期に経験する基本的な動きの例」（図表2-2）として，立つ，座る，ぶら下がる等の「体のバランスをとる動き」。歩く，走る，跳ぶ等の「体を移動する動き」。もつ，運ぶ，投

第2章 心身の健康に関する領域「健康」

げる等の「用具などを操作する動き」の3項目合計28の動きを例示している。

図表2-2 幼児期に経験する基本的な動きの例

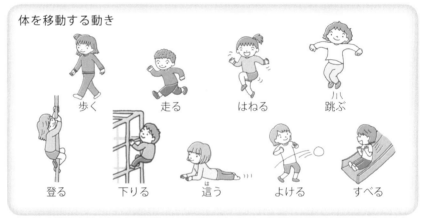

◎文部科学省，2012年より引用

これらの動きは順番をつけて経験をさせたり，練習をさせたりして獲得させていくものではない。これらの基本的で多様な動きを総合的に経験していくようにすることが重要なのである。つまり特定のスポーツや運動を継続させるよりも，多様な動きが含まれている様々な遊びを遊び込むことのほうがこの時期の運動能力が獲得されやすいのである。

　たとえば，おにごっこであれば，図表2-2の歩く，走る，よける等の動作が複合的に見られる。さらにおにごっこを遊具と組み合わせれば，渡る，ぶら下がる，登る，降りるといった動きを総合的に体験できるようになる可能性がある。これらのことで特に大事なことは，子どもたちは遊びの中で楽しいという思いをもちながら，知らず知らずの間に総合的に動きの経験をし，遊び込むことで洗練化していくという点である。

　様々な遊びを経験することで，主体的に楽しく様々な動きを体験し，さらにその動きが洗練されていく。これらの積み重ねによって日常の生活に必要な体力や，生涯にわたって運動を楽しむための基礎的能力の獲得をするのである。

3 心と体が育つ遊び

　今まで，幼児期の運動能力について述べてきたが，実際の保育現場では，どのような遊びが展開されているのであろうか。事例を通して学んでいきたい。

事例1 「ながなわチャレンジ」（5歳児）

　前年度3学期頃から，年長組を中心に長縄が流行する。年中組の子どもたちも年長組にあこがれをもちつつ，長縄にチャレンジしていた。

　そして年度が替わり，前年度年中組だった子どもたちが年長組になり引き続き長縄で遊んでいた（写真2-1）。

　繰り返し挑戦することで，徐々に跳べる回数が増えてくる子どもたちが多くなる。そして，その回数を，ほかの子どもたちに伝えたり，跳べたことが自信になるようにしたりするために，年長組の各クラスに写真2-2のようなグラフを担任が掲示した。これを見たほかの子どもたちが「○○くんすごいね」といった認める言葉をかけたり，それを目標に新たに長縄に参加したりする子どもたちが増えてくる（写真2-3）。

第2章 心身の健康に関する領域「健康」

写真2-1 長縄で遊ぶ5歳児年長組

写真2-2 長縄の跳んだ回数の可視化，掲示1

写真2-3 長縄に参加する子どもたちが増えてくる

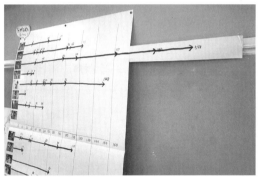

写真2-4 長縄の飛んだ回数の可視化，掲示2

　　　　参加する子どもたちの人数が増えてくるとともに，500回以上跳べた子どももでてきて（写真2-4），子どもたちのあこがれの存在となる。この頃には跳び方をアドバイスしたり，うまく跳べることを考えたりするようにもなっていた。人数を増やして跳ぶことにチャレンジをしたり（写真2-5，写真2-6），けんけんや片足とび等の跳び方を自分たちなりに考えたりし，競い合う姿も見られ始めるようになる（写真2-7）。

　　　　この長縄の事例は，保育者が課題を与え，それに対して子どもたちが取り組んできたものではない。またクラス全員の子どもにやらせているものでもなく，あくまで子どもたちが主体的に取り組んだ遊びである。
　　　　子どもたちが遊んでいた長縄の記録をグラフや掲示をすることで可視化し，それを見た子どもたちが認め合ったり，跳び方をアドバイスしたり，新たに挑戦したり，さらに工夫することのきっかけになったものである。
　　　　第1節1から述べてきたように，子どもの運動能力の向上につながる大切な要素の一つは，子どもたちが考えたり，決めたりすることである。この事例はそうした要素が多く含まれている。さらに，可視化すること

写真2-5　複数人で長縄にチャレンジ

写真2-6　長縄の可視化，掲示3

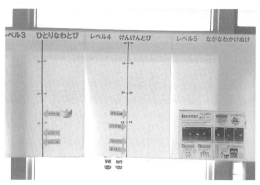

写真2-7　長縄の可視化，掲示4

で，今まで興味のなかった子どもが長縄に参加するきっかけになり，子どもが多様な動きを経験する一助にもなっている。

　この長縄が流行したからといって，クラス全員に目標○○回等と決めたとたん遊びではなくなり，楽しい，嬉しいといったポジティブな感情をもちにくくなる子どもも出てくるであろう。長縄等の体を使う遊びは特に個人差が生じる。目標を定めると，達成できた子どもはさらに意欲的になるであろうが，そうでない子どもたちは体を動かす意欲が減退する可能性がある。それは子どもの運動能力の向上につながるだろうか。子どもが体を動かしたいと思える遊びは，子どもによって異なる。だからこそ，画一的な指導や計画にならないような注意が必要となる。

事例2　ソーラン節をやりたい！（5歳児）

　5月に開催された近隣の小学校の運動会にて5年生がソーラン節を発表した。その運動会を家族で見ていたある年長組男児が，5年生の姿を見て感動し，翌週，幼稚園に登園してきてすぐに「5年生のソーラン節がすごかった！　幼稚園でもやりたい！」と担任に思いを伝えてきた。

第2章　心身の健康に関する領域「健康」

　担任教諭もソーラン節を踊ることができたので，さっそく音楽をかけてソーラン節の練習を始める。さらに，5年生の衣装が印象的だったようで，ビニール袋で衣装をつくった。
　するとクラスの子どもたちが興味をもち，数人の子どもたちがソーラン節を練習するようになる（写真2-8，写真2-9）。

写真2-8（左）　写真2-9（右）　ソーラン節を自分たちで練習する5歳児年長組

　しばらくの期間，練習をしてきたが，5年生のソーラン節を見たことがない子どもも多く，イメージがつかみにくいところもあったので，小学校に相談をし5年生がソーラン節を見せてくれることになった。その当日，5年生は運動会の衣装を年長児に見せてくれたり，着せてくれたりして，子どもたちの興味がさらに深くなる。（写真2-10，写真2-11）

写真2-10（左）　写真2-11（右）　小学校へソーラン節見学

　その後，5年生の衣装をまねて，背中に自分が選んだ漢字1字を担任に書いてもらい（写真2-12），日に1回，舞台でソーラン節（写真2-13）を発表するようになる。

写真2-12　衣装を着て踊る　　　　　　写真2-13　ソーラン節の発表

　この遊びは5月に始まり、2学期以降も続く長期間にわたった遊びの一部である。一人の子どもの興味から多くの子どもたちが関わる遊びへと発展していった。最初は見よう見まねで踊っていた子どもたちも、繰り返すことにより洗練された動きへと変化していき、年中組、年少組のあこがれの存在になっていった。

　遊びはそのプロセスの中にたくさんの育ちがある。それは身体の育ちだけでなく、様々な領域においての育ちである。

　また、この遊びと前事例の長縄は同じ園で同時期に行われていた遊びである。ソーラン節に夢中になる子、長縄にチャレンジしている子、また、その両方で遊ぶ子、ほかの遊びに夢中になる子、多様な子どもたちの姿が見られた。

　つまり、自分のしたいことを見つけ、夢中になって遊び込むことが大切なことであり、だからこそ、その中で子どもは心と体の双方を育んでいくのである。

第2節　生活習慣の形成

1　乳幼児期に育まれる基本的生活習慣

　「幼稚園教育要領」ほかの領域「健康」の内容に次のように書かれている。「身の回りを清潔にし、衣服の着脱、食事、排泄等の生活に必要な活動を自分でする」。

　また保育所保育指針には、保育所は養護と教育を一体的に行うことが

第2章 心身の健康に関する領域「健康」

特性であることと，乳児から入所していることを踏まえ，領域「健康」の箇所だけでなく多くの場面にて生活習慣の獲得について書かれている。

この基本的生活習慣とは一般的に，食事，排泄，睡眠，衣服の着脱，清潔の5項目に分類される。幼稚園の教育時間の中で睡眠することはないので，幼稚園教育要領の文言に睡眠はないが，健康な生活のリズムを身に付ける上で睡眠はとても大切な要素であることに変わりはない（本章第2節3参照）。

この5つの基本的生活習慣を形成していく上で，共通する重視すべき点は以下のとおりである。

①子どもの発達過程に応じた援助

乳児から幼児にかけては依存から自立へと発達する過程にある。大人がいなければ生きていくことができない生まれたばかりの時期から自分からしようとするようになり，徐々に自立していくのである。この自立の過程は一人一人異なる。決してほかの子どもと比べたり，早い，遅いと結果を重視したりしないようにしてほしい。

②主体的に取り組める環境の工夫

依存することの多い赤ちゃんの頃から，やがて主体的に取り組もうとする時期がやってくる。その時期の子ども自身のやりたいという気持ちを大切にし，子ども自身で取り組みやすい環境の工夫をしたい。

意欲をもちつつも，できないことは乳幼児期にはよくあることである。このときに保育者や大人ができないことに対して注意を繰り返していけば，いずれ意欲すらなくなってしまうだろう。

できる，できないではなく，子ども自身がやりたいと思った意欲を大切に，安心して失敗しながらも取り組めるような環境が大切である。そのためには，物的環境は当然のこと，失敗を許容できる時間的な余裕も大切なことの一つとなる。

物的環境としては，子どもにとって生活しやすい，分かりやすい環境であることが第一であり，そのような環境であることで子どもは主体的に取り組みやすくなる。たとえば，写真2－14は3歳児のトイレの入り口だが，このようにイラスト等を用いることで子どもはスリッパを並べようとするだろうし，トイレにも行きやすくなるだろう。

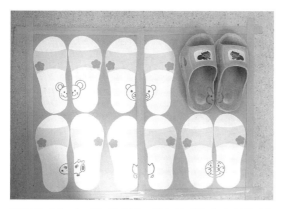
写真2-14　トイレのスリッパを並べやすくする工夫

③模倣できる人的環境
　子どもは周囲の行動を模倣することで様々なことを身に付けていく。基本的生活習慣も同様で，保育者がモデルとなって示すことで，子どもはそれをまねしながら習慣化していく。

④繰り返して習慣化すること
　習慣とは「いつもそうすることがその人の決まりになっていること」（『新明解国語辞典第七版』三省堂，2014年）という意味である。
　「いつもそうする」ことができるようになるためには，一度指導すればよいものではなく，繰り返し伝えたり，子ども自身が繰り返しやってみたりしながら身に付いていくのであろう。
　同じことを繰り返し行うことは大人でもむずかしいことである。だからこそ，褒めたり，遊び心をもって関わったりと子どもの意欲が継続する工夫をすることも大事なことである。

⑤家庭との連携
　基本的生活習慣は園だけで身に付くものではない。子どもは園と家庭の双方で生活をしているからこそ，互いが連携をする必要がある。園と家庭とまったく異なる方法で習慣化しようとしても子どもは混乱するだけなので，子どもの状況を園と家庭の両者が共通理解をし，その子のための方法を検討する必要がある。
　近年，保護者は自身の子どもが生まれる前に，ほかの子どもと触れ合う経験が少ないといわれている。つまり子育てに関する経験や知識が少ないまま親になっている人が多いのである。だからこそ，子どもの基本

第2章 心身の健康に関する領域「健康」

的生活習慣の形成に必要なことを知らなかったり，心配になったりすることが多いのである。園から正しい情報や方法を保護者に伝えていくことも重要であり，そのためにも保育者が正しい最新の情報を学び続ける必要がある。

2 食事における実際

基本的生活習慣の一つである食事に関しては近年，課題が多くなってきている。その食事に関しては幼稚園教育要領ほかでは領域「健康」の中で次のように述べられている。

> 先生や友達と食べることを楽しみ，食べ物への興味や関心を持つ。(内容(5))

> 健康な心と体を育てるためには食育を通じた望ましい食習慣の形成が大切であることを踏まえ，幼児の食生活の実情に配慮し，和やかな雰囲気の中で教師や他の幼児と食べる喜びや楽しさを味わったり，様々な食べ物への興味や関心をもったりするなどし，食の大切さに気付き，進んで食べようとする気持ちが育つようにすること。(内容の取扱い(4))

また2012年に厚生労働省が作成した「保育所における食事提供ガイドライン」には，「子どもの食をめぐる現状」として，図表2-3に示されている「避けたい7つの「こ食」」をとりあげ，次のように分類している。

- 人との関わりの課題：「孤食」「個食」「子食」
- 栄養や量，味などの課題：「粉食」「濃食」「固食」「小食」

幼稚園教育要領とこれらの課題を検討すると，幼児期の食育にとって大切なことは，

- 人と一緒に食べることを楽しむ
- 様々な食べ物に興味関心を持つこと

の2点であり，ここでは，食事についてこの2点に絞り考えてみたい。

図表2-3　避けたい7つの「こ食」

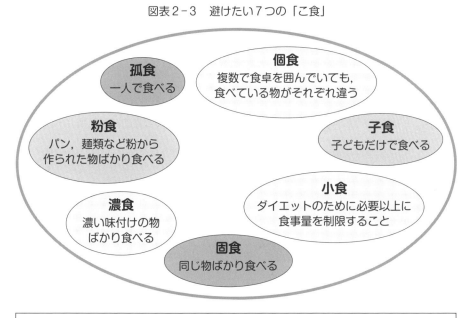

◎堤，2011年

①人と一緒に食べることを楽しむ

　前出した「孤食」という言葉は一般化したといってもいいくらい認知されているだろう。この孤食とは，一人で食事をすることを指し，おもに子どもたちが家族と一緒ではなく一人で食べていることを問題視しつくられた言葉である。

　1982年と1999年にNHKがテレビ番組[注1]作成のために，それぞれ2,000人，2,500人の小学生に当日の朝食と前日の夕食の食卓の絵を描いてもらう調査をしている（足立，2000）。

　それらの調査によると，1982年に子どもだけで朝食をとっている家庭は39％，朝夕とも子どもだけというケースも10％以上であったが，さらに1999年ではその傾向がさらに加速していたのである。

　また「全国家庭児童調査」（厚生労働省）では，「一週間のうち，家族そろって一緒に食事（朝食及び夕食）をする日数」を調べている。その結果を2004（平成16）年と2009（平成21）年で比較したものが図表2-4である。

　子どもが孤食となっている原因は様々であるといわれている。親の長時間労働や，就業する母親の増加や保護者の問題意識の希薄化等が挙げられるであろう。

第2章 心身の健康に関する領域「健康」

　食事はただ栄養補給をする時間ではなく，気持ちの面でもとても大切な時間である。「家族団らん」という言葉がイメージするものは，食卓を家族全員が囲み，みんなが笑顔である姿ではないだろうか。その中で，子どもたちは親とコミュニケーションを深め，愛を感じて育つのである。

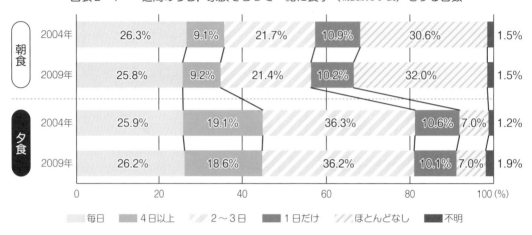

図表2-4　一週間のうち，家族そろって一緒に食事（朝食及び夕食）をする日数

◎厚生労働省「全国家庭児童調査」2011年

　しかし，現在はその様子が減少しているようである。そうであるのならば，園から「孤食」の問題等を保護者に考えてもらう機会を提供することも必要となるだろう。また様々な家庭環境がある中では，家庭だけでの解決がむずかしい場合もあるので，園内の昼食の時間でコミュニケーションを意識し，「先生や友達と食べることを楽しむ」環境を構成することがさらに重要になるであろう。

　「早く食べなさい」「残さないようにしなさい」といったことだけでなく，その日あったことや，これから遊びたいこと等楽しい会話を心がけたい。

②様々な食べ物に興味関心をもつこと

　幼稚園や保育所では，子どもたちが様々な食べ物等に興味関心をもつように栽培をしたり，庭の果樹等の収穫をしたりしている。自分たちで収穫し，どうやって食べるか考え，実際に食べる園も多いだろう。（写真2-15，写真2-16参照）

　また，園庭がない保育所でもプランターを利用した栽培等をすることで興味関心を高める工夫をしている。

写真2-15(左)　写真2-16(右)　園の栽培物を収穫

　それだけでなく，子どもたちの興味関心が深まるような事例を紹介する。年長組お泊まり会の夕食になるカレーの事例である。

事例3 お泊まり会（カレーづくり）（5歳児）

　お泊まり会の数週間前，クラスでどのようなカレーを食べるかを話し合う。まずは具や隠し味，レシピを子どもたちが各家庭で聞いてきて，クラスでそれぞれ発表し，それを担任が表にまとめた。（写真2-17）

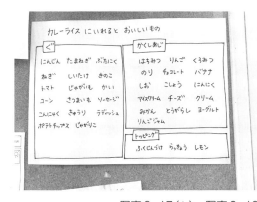 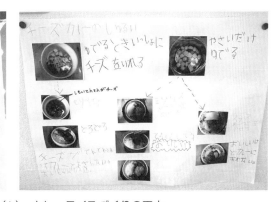

写真2-17(左)　写真2-18(右)　カレーライスづくりの工夫

　表にまとめ，このクラスでは隠し味でチーズを入れることが決まる。その後，チーズを入れることを家庭で話をした子どもがいて，母親と共に家庭で写真2-18のような実験をしてきた。それは，①煮込む途中にチーズを入れる，②盛り付けた後にチーズをのせる，③スライスチーズをのせるという3つの方法を試し，写真を用いてまとめ，それをクラスで発表した。このことからチーズは盛り付けた後にのせることに決まる。

　そして当日，自分たちでタマネギ等を切ったり（涙が出ないように工夫

している子もいる）自分たちでよそったり，チーズも自分でかけておいしくみんなで食べた。（写真2-19，写真2-20）

写真2-19（左）　写真2-20（右）　カレーライスづくり

この事例では，ただ提供されたものを食べるのではなく，また与えられたものを切るだけ，調理するだけでなく，家庭の協力も得たり，友達同士で考えたり，工夫したりした。こういった過程の中で子どもたちの興味関心はさらに深まっていく。これは，行事でなくてもふだんの生活の中でも同じことがいえるのである。

写真2-21　ビワを育ててみる

写真2-21は，お弁当の時に食べたビワの種を植えたら，またビワが食べられるのではないかと4歳児の子どもたちが考えて植木鉢に植えたものである。結果として，ビワはできないかもしれないが，そのプロセスの中で考えたり調べたりしたことで興味関心が深まっていくのである。

3 幼児期の睡眠について

子どもたちの遅寝遅起きが問題視されているが，近年，文部科学省をはじめとした啓蒙活動の影響か保護者自身も問題意識をもつようになり以前より改善されてきている。（図表2-5，図表2-6）

図表2-5，図表2-6は，それぞれ起床時，就寝時の寝ている子の割合を表している。10年の間に改善されている部分もあるが，すべての子どもがその育ちに応じた早寝早起きができるようになったとはまだいえない。

図表2-5　睡眠の時刻別推移・起床時間（就園別，月曜）

	<幼稚園児>		<保育園児>		<未就学児>	
	2003	2013	2003	2013	2003	2013
5:30-5:45	99	100	99	97	98	95
5:45-6:00	99	99	99	96	97	96
6:00-6:15	99	96	97	90	94	89
6:15-6:30	98	92	95	88	95	89
6:30-6:45	90	80	82	69	92	84
6:45-7:00	85	74	74	59	90	81
7:00-7:15	65	46	43	31	81	66
7:15-7:30	55	41	36	25	78	62
7:30-7:45	28	20	15	12	63	42
7:45-8:00	25	15	12	9	57	39
8:00-8:15	8	7	6	3	41	24
8:15-8:30	4	4	3	3	38	23
8:30-8:45	1	2	2	1	29	13
8:45-9:00	1	2	2	1	26	14

(%)

図表2-6　睡眠の時刻別推移・就寝時間（就園別，月曜）

	<幼稚園児>		<保育園児>		<未就学児>	
	2003	2013	2003	2013	2003	2013
19:30-19:45	4	3	0	1	8	9
19:45-20:00	4	3	0	1	8	9
20:00-20:15	8	15	3	3	11	20
20:15-20:30	11	18	4	4	14	23
20:30-20:45	19	33	8	12	18	30
20:45-21:00	23	38	12	13	20	34
21:00-21:15	55	65	32	40	34	53
21:15-21:30	62	69	36	46	36	57
21:30-21:45	75	83	54	63	47	72
21:45-22:00	79	87	58	69	50	73
22:00-22:15	90	92	79	83	64	83
22:15-22:30	92	92	81	87	68	84
22:30-22:45	96	93	89	94	75	88
22:45-23:00	96	93	90	95	77	89
23:00-23:15	96	94	92	96	84	91
23:15-23:30	96	94	93	96	86	91

(%)

▨の値は，2003年に比べて統計的に低いことを，
▨の値は，2003年に比べて統計的に高いことを示している。（信頼度95%）（以下同様）
┊┈┊は，寝ている人の率が50%を切った時刻
└─┐は，起きている人の率が50%以上となった時刻

© NHK「2013年幼児生活時間調査」2013年（図表2-5，図表2-6とも）

第2章 心身の健康に関する領域「健康」

　子どもたちが早寝早起きができ，規則正しいリズムで生活できるようになるためにはいくつかのポイントがある。

①早起きから始める
②日中，戸外で遊ぶなど活動をする
③お昼寝は短めにする
④ぬるめのお風呂
⑤「おやすみなさい」の挨拶などの入眠儀式

◎神山，2003年より筆者改

等である。ほかにも様々なポイントがあり，またこれらを身に付けるための具体的な方法もあるが，それらは章末の引用文献，参考図書を読んでもらいたい。

　大切なことは，保育者が正しい知識を身に付け，それを保護者に繰り返し，丁寧に伝えていくことである。生活習慣に関しては，どれも同様のことがいえるが，睡眠に関しては，家庭のみの生活習慣になる。また子どもの年齢に応じて睡眠時間等も変化する。だからこそ早寝早起きがむずかしく，悩んでいる保護者は多い。身近な専門家である保育者が話を聞いたり，アドバイスしたりすることで保護者は安心し，子どもの早寝早起きの習慣化につながることがあるだろう。

第3節 安全の習慣と態度

1 リスクとハザード

　子どものけがの予防に対してリスクとハザードに分類して考えることがある。リスクとは「事故回避能力を育む危険性あるいは子どもが判断可能な危険性」であり，ハザードは「事故につながる危険性あるいは子どもが判断不可能な危険性」（共に国土交通省，2002）である。

　幼児期は擦り傷や切り傷といった小さなけがを繰り返しつつ，大きなけがや事故から自分の身を自分で守る能力を獲得する時期とされている。だからこそ，子どもの周りの危険物をすべて排除することが逆に育ちを阻害することがある。

　リスクとハザードは園の環境によって異なる。たとえば，滑り台の逆

さ登りは，広い幅の斜面ではリスクになるかもしれないが，らせんの斜面ではハザードになる可能性もある（周囲の環境等によっても異なる）。園の環境を保育者全体で把握した上でリスクとハザードを分類し，共通理解をはかることが重要である。そして，ハザードに関しては撤去する，子どもが入れないようにする，ときには禁じる（禁止事項は少ないほうがよいが）等，保育者全体で連携をして対策すべきである。

　また子どもたちの年齢や時期によってもリスクとハザードの分類が異なる。たとえば，幼児にとっては遊び道具である小さな積み木が0歳児にとっては誤飲の原因になるハザードになる可能性がある。

　だからといって，幼児にも積み木を禁止することが大事なことではなく，0歳児が小さな積み木には触れることができない空間にするような工夫や保育者間での共通理解が重要なのである。

　子どもを大きな事故から守ることは園の最低限の条件である。しかし，安全管理だけを重視をし，子どもの遊びを縮小させたり，禁止事項が多く，子どもを緊張させたりする環境は子どもたちの育ちを阻害する。そうならないように，保育者が子どもの安全能力の獲得の必要性を理解した上で，環境構成を工夫することも重要なことである。

2　病気から体を守る習慣形成

　乳幼児期は様々な病気に罹患しやすい時期でもあり，病気にならないような習慣形成をする時期でもある。これは生活習慣の形成と同じく，園と家庭との連携を中心とし，繰り返しの指導により習慣を形成していく。

　病気にならないための習慣形成は多岐にわたる。たとえば，うがい，手洗い，鼻をかむ，衣服の調節，食事，睡眠等である。

　これらは子どもだけで行うことはむずかしいものが多い。だからこそ，年齢に応じた形で保育者は繰り返し指導を行う必要があるのである。

　たとえば，うがい手洗いであれば，3歳児は時間をつくって全員で行うこともあるが，5歳児になると保育者の確認だけで自分から行うように促す等，年齢による指導の違いが出てくる。

　また，習慣形成のためには，保育者が乳幼児期に感染しやすい病気の症状についても理解をしておく必要があるだろう。病気の判断は医師がすべきであるが，これらを知らなければ初期の対応がむずかしく，感染拡大を助長してしまう可能性もある（図表2-7参照）。またこれらの感染拡大予防のためにも，おう吐物や下痢の適切な処置や正しい清掃方法

第2章 心身の健康に関する領域「健康」

等を知っておいてほしい。

近年，アレルギー疾患の子どもは増加傾向にあるといわれる。複数のアレルギー疾患をもっている子どもたちが多いこともあり，アレルギーに関しても保育者として正しい知識をもっていたい。

アレルギーを引き起こす原因であるアレルゲンには，ダニ，ハウスダストや化学物質や薬，そして，ソバや小麦，牛乳等の食物がある。食物アレルギーに関しては，保護者と園だけでなく，園の栄養士等との連携も必要であり，また配膳を間違えないような工夫（トレイに子どもの写真と名前を貼る等）も必要になる。

また，アレルゲン，アレルギー症状等，子ども一人一人異なる。入園時に保護者から聞き取りをし，それを園全体で把握できるシステム構築も大切である。

図表2-7　おもな学校感染症の症状

感染症名	おもな症状
インフルエンザ	・突然の38度以上の高熱　・高熱が3〜4日ほど続く ・激しいせき,のどの痛み,頭痛,鼻水,関節の痛み,筋肉痛など
麻疹（はしか）	・38度近い発熱と,せき,鼻水など風邪に似た症状 ・ほおの内側に出る白い斑点　・全身に出る赤く細かい発しん
風疹	・38度前後の熱,耳の後ろのリンパ節のはれ,目の充血 ・発熱と同時に,胸や顔などから赤くかゆみを伴う発しんが全身に広がる
百日ぜき	・くしゃみやせき,鼻水など　・1〜2週間たつとこんこんと激しくせきこむ・息を吸うときのヒューヒューという特有の音
水痘（水ぼうそう）	・37〜38度の微熱　・かゆみの強い赤い発しんが,胴体から全身に,頭部まで広がる。
咽頭結膜熱（プール熱）	・38度以上の高熱　・のどのはれと痛み　・目の充血やまぶたの裏の赤み　・目やに,涙
流行性結膜炎（はやり目）	・目の充血　・目やに　・まぶたのはれ　・ひどくなると,発熱や下痢を起こすことも
手足口病	・手のひら,足の裏,口の中,臀部などにできる,赤い発しんや米粒大の水疱
伝染性紅斑（りんご病）	・発熱から2〜3週間後,ほおにできる赤い発しん ・腕や足,おしりに網目状の発しんが出ることもある
伝染性軟属腫（水いぼ）	・突然出る,痛みもかゆみもない光沢のあるいぼ ・脇の下,脇腹,おなか,ひじ,ひざなどに多い
伝染性膿痂疹（とびひ）	・虫さされや切り傷,湿しんの後にできる,膿を持ったようなかゆみのある水疱 ・水疱がやぶれて,全身に赤いただれが広がる。
流行性耳下腺炎（おたふく風邪）	・38度前後の発熱 ・片方,または,両側の耳下腺（耳の後ろからあごにかけてのリンパ節）のはれと痛み
溶連菌感染症	・39度近い突然の発熱　・のどの痛みとはれ　・全身に広がる,かゆみのある発しん ・イチゴ舌
ヘルパンギーナ	・38〜40度近い突然の発熱　・のどの奥にできる小さな水疱
感染性胃腸炎（おう吐下痢症）	・突然のおう吐と下痢　・まれにけいれんや脳症,腸重積などを合併することもある

◎金澤，2012年より筆者作表

3 災害から子どもたちを守るために

　地震，津波，火事等の災害はいつ何時起こるかどうか分からないため，日頃の準備が重要になる。その準備とは，防災教育・防災訓練，防災計画・マニュアル作成，災害備蓄等である。

　特に防災教育・防災訓練は，子ども，保育者，保護者のそれぞれが意識して参加する必要がある。そして，その防災教育を通じて子どもたちに教えたいこととして，図表2-8のことが挙げられる。

図表2-8　防災教育を通じて子どもに教えたいこと

パニックにならないための知識と心 ・災害時に何が起こるのか，どうすればいいかを子どもなりに理解する ・大きな音が鳴ったり揺れたりしても，「保育者に従えば大丈夫」という安心感をもつ
自分の命を守るという意識 ・災害による危険を知り，それを回避しなければいけないことを理解する ・「危ない場所，危ない物だから近づかない」と判断できる力をつける
災害時の集団行動のルール ・泣いたり騒いだりしてはいけないことを理解する ・保育者の呼びかけや誘導の意味を理解し，行動できる力を育む

◎金澤，2012年より筆者作表

　防災訓練は法的義務として，保育所は児童福祉法，児童福祉施設最低基準にて毎月の実施及び消防法にて年2回以上の実施が求められる。幼稚園も同じく消防法にて年2回以上の実施となるが，これ以上の実施をしている園は多い。

　防災訓練は義務だから行うのではなく図表2-8のこと等を子どもに伝えるのはもちろんのこと，保育者自身が実際の災害時の行動を意識しながら訓練をしたい。そのためには事前にチェックポイントをつくる等して訓練のねらいを明確にし，終了後には振り返りをし，保育者の動き等を改善する必要もある。さらに引き取り訓練等，保護者と連携をする訓練や保護者対象の防災教育も実施したい。

　防災計画，マニュアルは園内外の環境にあわせたかたちで作成をしたい。事項がただ羅列されて瞬時に理解しにくいものではなく，実際すぐに行動ができるようなチャート表のように見やすいものであるとよいだろう。そして，その計画が地域や保護者とも共有されるべきである。実際の災害時には保育者だけで子どもたちを守ることが困難になる可能性があり，そのときは地域住民や保護者と連携をする必要が生じるからで

第2章 心身の健康に関する領域「健康」

ある。

　災害時は，子どもはとても不安定な状況になる。それは保育者も同様であろうが，まずは保育者が冷静に判断できるように教育，訓練に参加する等，備えをしておくとともに，正しい知識と情報を入手しておくことも重要である。

① 幼児期の運動能力について説明し，具体的な遊びの例を挙げよう。
② 基本的生活習慣の形成における保育者の役割について述べよう。
③ 安全習慣の形成における保育者の役割について述べよう。

〈注〉
注1　NHK 特集「こどもたちの食卓」1982 年と NHK スペシャル「知っていますか子どもたちの食卓」1999 年である。

引用文献

- 足立己幸・NHK「子どもたちの食卓」プロジェクト『知っていますか子どもたちの食卓——食生活からからだと心がみえる（NHK スペシャル）』日本放送出版協会，2000 年
- 猪熊弘子編『命を預かる保育者の子どもを守る防災 BOOK（Gakken 保育 books）』学研教育出版，2012 年
- 金澤治監『0～5 歳児ケガと病気の予防・救急まるわかり安心 BOOK（ナツメ社保育シリーズ）』ナツメ社，2012 年
- 神山潤『子どもの睡眠——眠りは脳と心の栄養』芽ばえ社，2003 年
- 杉原隆・河邉貴子『幼児期における運動発達と運動遊びの指導——遊びのなかで子どもは育つ』ミネルヴァ書房，2014 年
- 公益財団法人日本体育協会「幼児期からのアクティブ・チャイルド・プログラム」2015（平成 27）年
- 堤ちはる「「食」を通じた子育て支援」小児保健研究，70，2011 年，7-9 頁
- 厚生労働省「保育所における食事の提供ガイドライン」2012（平成 24）年
- 厚生労働省「保育所保育指針」2017（平成 29）年告示
- 国土交通省「都市公園における遊具の安全確保に関する指針（解説版）」2002（平成 14）年
- 文部科学省「幼児期運動指針ガイドブック」2012（平成 24）年
- 文部科学省「幼稚園教育要領」2017（平成 29）年告示

参考図書

- ◎ 荻須隆雄他編『遊び場の安全ハンドブック』玉川大学出版部，2004 年
- ◎ 神山潤監，睡眠文化研究所編『子どもを伸ばす「眠り」の力——ココロ，からだ，脳をイキイキさせる早起き早寝の科学と文化』WAVE 出版，2005 年
- ◎ 鈴木隆編『保育内容　健康』大学図書出版，2012 年
- ◎ 鈴木みゆき『早起き・早寝・朝ごはん——生活リズム見直しのススメ』芽ばえ社，2005 年
- ◎ 中村和彦『運動神経がよくなる本——バランス移動操作で身体は変わる！』マキノ出版，2011 年
- ◎ 日本発育発達学会編『幼児期運動指針実践ガイド——よくわかる！今すぐはじめる！』杏林書院，2014 年
- ◎ 宮﨑豊・田澤里喜編『健康の指導法（保育・幼児教育シリーズ）』玉川大学出版部，2014 年

人との関わりに関する領域「人間関係」

本章では「人との関わりの根源性」「協同的な学び」「社会生活における望ましい習慣や態度」をキーワードに領域「人間関係」についての理解を深める。子どもはどのように人と関わる存在なのだろうか。その人との関わりの中での子どもの学びにはどのような特徴があるのだろうか。特に「協同的な学び」とはどのようにとらえることができるだろうか。さらに，自分らしく社会，共同体に参加していく存在としての子どもとそれを支える保育の営みを検討してみたい。

はじめに

　領域「人間関係」の視点から保育を見ると，保育の大切なことがどのように見えてくるだろうか。「人間関係」は，1989（平成元）年の「幼稚園教育要領」改訂の際に新たに生まれた領域である。それ以前の領域であった「社会」「自然」を引き継ぐとともに，幼稚園修了までに「心情」「意欲」「態度」を育むことを目指す際に大切な「人との関わり」の視点を示している。多くの子どもたちは安定した情緒を他者との関係の中で得ることができ，さらに，子ども一人一人が主体的自発的に振る舞うこともまた，人との関わりあいの中で生まれる。幼稚園の生活の中には，主として遊びの中で，多様な経験をして学んでいくプロセスがあり，それは教師，仲間をはじめとした人との関わりあいの中でもたらされる。

　そのような人間関係について幼稚園教育要領には下記のように記されている。

　他の人々と親しみ，支え合って生活するために，自立心を育て，人と関わる力を養う。

1　ねらい
(1) 幼稚園生活を楽しみ，自分の力で行動することの充実感を味わう。
(2) 身近な人と親しみ，関わりを深め，工夫したり，協力したりして一緒に活動する楽しさを味わい，愛情や信頼感をもつ。
(3) 社会生活における望ましい習慣や態度を身に付ける。

第3章 人との関わりに関する領域「人間関係」

2 内容

(1) 先生や友達と共に過ごすことの喜びを味わう。
(2) 自分で考え，自分で行動する。
(3) 自分でできることは自分でする。
(4) いろいろな遊びを楽しみながら物事をやり遂げようとする気持ちをもつ。
(5) 友達と積極的に関わりながら喜びや悲しみを共感し合う。
(6) 自分の思ったことを相手に伝え，相手の思っていることに気付く。
(7) 友達のよさに気付き，一緒に活動する楽しさを味わう。
(8) 友達と楽しく活動する中で，共通の目的を見いだし，工夫したり，協力したりなどする。
(9) よいことや悪いことがあることに気付き，考えながら行動する。
(10) 友達との関わりを深め，思いやりをもつ。
(11) 友達と楽しく生活する中できまりの大切さに気付き，守ろうとする。
(12) 共同の遊具や用具を大切にし，皆で使う。
(13) 高齢者をはじめ地域の人々などの自分の生活に関係の深いいろいろな人に親しみをもつ。

　領域「人間関係」が登場した1989年幼稚園教育要領を引き継ぎつつ行われた3回目の改訂となる2018（平成30）年から施行される幼稚園教育要領において，領域「人間関係」のねらいと内容として新たに，下線の付してある点，「ねらい」の2つめの「工夫したり，協力したりして一緒に活動する楽しさを味わい」が加えられた。そして「内容の取扱い」には以下の下線部2点が付け加えられている。

(1) 教師との信頼関係に支えられて自分自身の生活を確立していくことが人と関わる基盤となることを考慮し，幼児が自ら周囲に働き掛けることにより多様な感情を体験し，試行錯誤しながら諦めずにやり遂げることの達成感や，前向きな見通しをもって自分の力で行うことの充実感を味わうことができるよう，幼児の行動を見守りながら適切な援助を行うようにすること。
(2) 一人一人を生かした集団を形成しながら人と関わる力を育てていくようにすること。その際，集団の生活の中で，幼児が自己を発揮し，教師や他の幼児に認められる体験をし，自分のよさや特徴に気付き，自信をもって行動できるようにすること。

　すなわち，今回の改訂において変更された点は，「身近な人と親しみ，関わりを深め，工夫したり，協力したりして一緒に活動する楽しさを味わい，愛情や信頼感をもつこと」「諦めずにやり遂げることの達成感や，前向きな見通しをもって自分の力で行うことの充実感を味わうことができるようにすること」「自分のよさや特徴に気付くこと」の3点となる。本章では，これらの改訂の要点も鑑みて，「人間関係」で学ぶことを，「人との関わりの根源性」「協同的な学び」「社会生活における望ましい習慣や態度」の3つのキーワードに絞り，子どもたちの学びと育ちの姿と，

その学びと育ちを支える保育のありようを考えていきたい。

第1節 人との関わりの根源性

1 関わりあう存在としての赤ちゃん

　赤ちゃんが「関わり」をもつと聞いて，どのようなことを想像するだろうか。赤ちゃんは，自分では食べることも，動くこともできないのだから「関わり」をもつことはむずかしく，「関わられる」受け身の存在だと考える人もいるだろう。また，赤ちゃんと実際に関わった経験から，赤ちゃんに，にっこり笑いかけられたり，差し出した指をぎゅっとにぎってもらえたりして，確かに私に関わってくれる存在として感じたことのある人もいるだろう。

　赤ちゃんをどのような存在として見るかによって，その赤ちゃんとの関わりが変わる。ヴァスデヴィ・レディの『驚くべき乳幼児の心の世界』[1]）に次のような彼女自身のエピソードがある。

事例1　赤ちゃんとの関わりあい[2]）

　6週間：……素敵な"おしゃべり"のやりとりの時間の間，シャミーニはベッドに横たわり，私は彼女にかがみこんでいました。私は，自分の顔の動きを止めて，彼女を見続けながら，喜びの表情をうかべるが，まったく動かないようにしました。こうしたことに対しての彼女の反応は教科書どおりですが，極めて心をかき乱すような経験でした。彼女は，私を見続けて，ちょっとほほえんだり声を出したりしました。そして，何の応答も得られないとまじめな顔になり，ちょっと視線をそらすと，また私を見て，ほほえみ声をあげました。そしてまたまじめな顔になり，視線をそらしまた見てと，何回か繰り返しました。全部で30秒ほど続いたことだったに違いないのですが，もっと長く感じました。私は何も応じないことに耐えることができず，ほほえみかけ，彼女に話しかけ，あやまるために抱きしめようとのりだしました。そのとき，彼女の顔はしわくちゃで，泣き出しました。私はショックを受けて，うろたえ，とてつもなく心を痛めました。彼女は本当に私のことを心配してくれていたのです！　この出来事は私の（研究者としての）自己意識から抜け出すよう強く揺さぶり，私がシャミーニの私との対話を真剣にとりあげるきっ

第3章 人との関わりに関する領域「人間関係」

かけとなりました。彼女を理解するターニングポイント(転換点)でした。

　このエピソードは,赤ちゃんと母親がほぼ笑い合い,声を出し合い楽しくやりとりをしているときに,母親が,その楽しい表情のまま,動きを止めた場面である。実は,この状況は,発達心理学の実験で乳児の認知能力,対人的な関わりの能力を見る際に用いられる一つの手法である静止顔実験（still-face experiment）のような場面が日常にもたらされたことになる。母親は決して,笑顔が消えたわけでも,怖い顔になったわけでもなく,笑顔のまま動きを止めただけである。しかし,赤ちゃんは,劇的に異なる様子をみせている。急に動きの止まった母親を見つめ続け,なんとか応えてほしいと様々に試みる様子は,レディ自身が書くように「心をかき乱すような」場面である。このような赤ちゃんの行為の意味は明らかであるように思われる。赤ちゃんは何も分からない存在でも,ただ周りの大人にあやされる受け身の存在でもない。もしそうであれば,目の前の大人の顔が笑顔のまま止まっただけで,このような様子をみせないだろう。赤ちゃんは,単に積極的に働き掛けようとするだけではなく,他者の存在に気付き,その他者に「応じよう」とする存在であるととらえられる。

　そのような赤ちゃんの相手と「関わりあおう」とする,相手に「応じよう」とするありようは,実は,もっと早い時期から見ることができる。生後数時間から見られる新生児模倣という現象がある。目の前の大人が舌出しをしたり,口を開けたりつぼめたりすると,新生児がまだ自分の顔を鏡で見たわけでもないのに,同じような表情をする現象である。この新生児模倣についての興味深い研究が,ナジとモナル[3]によって行われている。彼らは,赤ちゃんが大人のモデルが舌出しをして,自分がその模倣をしたあと,大人が何もせずに楽しそうに赤ちゃんを見つめると,赤ちゃんは,あたかも今度はあなたの順番でしょうと思っているがのごとく少しの間見つめ続け,それでも大人が舌出しをしてくれないと,さらに,大人の舌出しを「誘う」かのようにもう一度赤ちゃん自身が舌出しをすることに気付き,それを実験的に確かめたのである。

　この実験は次のようなかたちで行われた。生後3〜54時間の新生児を対象に,まずモデルの舌出しと赤ちゃんの模倣というやりとりを数回したあと,モデルは舌出しをしないで赤ちゃんをただニコニコ見つめた。すると赤ちゃんはしばらくモデルの顔をじっと見ているが,間をおいて,今度は自分から舌出しをしてみせるのである。この間の赤ちゃんの心拍

数も同時に調べたところ，最初の舌出しのやりとりをしているとき，赤ちゃんは舌を出すときに心拍数が高まるが，それは自分から舌出しをしようと努力することを示している。大人が舌出しをするのを見ているときは，心拍数は「平常」である。ところが，大人が舌出しをしないで，赤ちゃんの顔をただニコニコ見ているだけのとき，赤ちゃんの心拍数は平常より下がる。心拍数が下がるのは，何かに集中して，次の出来事を「待機」していることを示している。つまり，赤ちゃんはモデルの側の「応答」としての舌出しを待っているのである。「応答」が得られないことが分かると，心拍数が上がり始め，今度は大人の舌出しを「誘発する」ために，自ら舌出しを始めるのである。つまり，赤ちゃんは単に大人の行為に同調しているだけではなく，大人の行為を待ち，誘うという，自らやりとりをつくり出す存在なのである。

このナジとモナルの研究は，先ほどの事例で紹介したレディの『驚くべき乳幼児の心の世界』に紹介されていたものである。レディはこのような研究，さらには，何よりも自らの子どもたちとの関わりあいをもとに，発達という現象のとらえ方の重要な概念である「二人称的アプローチ」を提唱している。赤ちゃんには，様々な「能力」が備わっている。しかし，それらの「能力」はただ外側から三人称的，客観的に眺めて，こういう力が「ある」，もしくは「ない」と判断するものではない。発達という現象そのものは，他者と関わる中で生まれてくるもの，他者との関わりの中に埋め込まれているものである。生まれたばかりの赤ちゃんですらそのような存在であることを踏まえると，幼児期を迎える子どもたちはなおさらそのような「関わりあい」の中で見ていく必要があるだろう。

2 自己を発揮し他者に認められること

「自分」「わたし」の世界はいつごろから生まれてくるのだろうか。心理学の古典的な研究においては，「わたし」本人が内側から主観的に経験している「知る自己（I）」と外側から対象として知ることができる「見られる自己（me）」という分類がよく知られている。しかしそのように認知的にではなく，情感的に「わたし」を知るプロセスは，赤ちゃんのときから見ることができる。

たとえば，先ほど新生児模倣で見たように，新生児は他者のある行為に模倣的な動きで応じることができる。それは，反射でも他者の行為と

第3章 人との関わりに関する領域「人間関係」

自分自身の行為を混乱しているのでもない。その証拠に，しばしば行為をまねる前に，相手の行為に注意深く注目するかのような時間がある。

また，新生児室で，新生児が他の赤ちゃんの泣き声を聞いたとき，つられるかのように同時に泣きが伝染するような現象は，以前は自己と他者が混乱してもたらされるとされていた。しかし，実験的な場面で確かめたところ，新生児は自分の泣き声が録音されたものより，他の赤ちゃんの泣き声が録音されたものに対してより泣くことがはっきり示された。つまり，大人でさえも聞き分けることがむずかしい，自分自身の声と異なる声に気付いていることを示している。さらにいえば，むしろ異なる存在へのある種の共感から泣いているともとらえられる。

さらに，生後3か月くらいのハンドリガードと呼ばれる現象を考えてみよう。ハンドリガードとは，赤ちゃんが自分の手をじっと見つめる行動である。ただじっと見ているだけではなく，ゆっくりとひらいたり，むすんだり手を動かして，その動きをあたかも観察するような様子もみられる。つまり，自分自身がこの手を動かしている感覚を味わいながら，目でその動きを確かめているようにとらえられる。このようなハンドリガードを，佐伯胖（さえきゆたか）は赤ちゃんの自己との対話のはじまり，そして自分の意思が変化を起こす起点であることに気付く「自己原因性」の始まりであるととらえ，根源的な探究の始まりと位置づけている[4]。

このように考えてくると，赤ちゃんですら，自分ということに何らかのかたちで気付き，その自己を巡っての探究が始まっていると推測できる。さらに自己を巡ってだけではなく，周りの世界に探究が広がる様子を次の事例から考えてみたい。

事例2　11か月のKくんとモノとの対話[5]

Kは缶を右手で持って投げる。缶はカーペットの上でわりあいよい音を一つたて表側を向いた状態になる。Kが缶を持ってひねって投げる。缶はカーペットの上でまたよい音を一つたて，裏側を向いた状態になる。Kがさらに缶を右手で持ってやや遠くにひねりながら投げる。缶は床の上におち，表側を向けながら，よい音をたてながらぐるぐる回る。Kはその様子をじっと見ながら，ハイハイで缶に近づいていく。缶の動きが止まる。Kは左手で体を支えながら，右手で缶の表側を持って投げる。缶は裏側を向いて，ぴたっと止まる。Kはさらにそのままの左手で身体を支えた姿勢で缶の裏側を持って投げる。缶は表側を向いて，ぴたっと止まる。Kはさらに，缶の表側を持ってややひねって投げる。缶は表側

を向いてぐるぐる回る。

　Kは，缶が回り始めると，左手をついたまま，ビデオを撮っている保育者のほうを振り向くと，その顔にはすでに笑みが浮かんでいる。そして，保育者のほうを真剣に見つめる。ビデオを撮っている保育者は（おそらくKの顔を見ながら）ほほ笑みを含んだ声で「おもしろいねぇ，ほら，止まっちゃった」と話しかける。缶はちょうどそのとき止まる。Kはふり向いて缶を見て，ハイハイで缶に近づき左手で体を支え，右手で表側を持ってひねって投げる。缶は床の上で裏返って，止まる。もう一度Kは缶の裏側を持ってひねって投げる。缶は表側を向いてくるくる回りながらよい音をたてる。Kは缶をよく見ていて動きが止まったところで，缶の表側を右手で持って，その缶を持った右手が自分の身体の前を横切るように大きく投げる。その缶の動きにあわせて，じっと見つめる視線が動く。缶はカーペットの上，その缶の蓋の横に一つ音をたてて止まる。

　この場面はKくんが空き缶をじっくりと探究しているほんの数分をエピソードとしてまとめたものである。しかし，このわずかな瞬間にも，Kくんは缶の特徴，どんな場所でどんな音をたてるか，どんなふうに投げるとどんな動きが生じるか，缶の蓋と本体の違い，缶の蓋や本体の表と裏の違い等，様々なことを五感全部で感じ取り，学んでいる様子が見て取れる。ここには，Kくんのモノへの探究，学びの世界があり，あたかもKくんがモノと対話しているようでもある。

　また，このように缶とやりとりをするからこそ，缶の表と裏のどちらを持つかの自らの指の感覚，どのように投げるかの手首の感覚，様々な音への傾聴等，Kくんは自分自身のありようについても学んでいる。このように子どもが学ぶ瞬間とは，自らの主体性，自らが発揮されている状態，自信をもって行動しているときでもある。

　そして，このとき注目しておきたいことは，Kくんの探究に，本当に寄り添う他者があって成り立っているということである。保育者がKくんとまなざしを交わしていること，まだはっきりとした言葉での表現はないKくんの様々な表現を代弁していること，本当に缶の動きや，彼の感じている感覚を保育者自身もおもしろいと思っていることがこのエピソードから見て取ることができる。子どもが自己を発揮していることを認めるとは，ただ単にほめることであったり，ましてや，できていることを評価することでもない。ここにあるように子どもの学び，モノとの対話に耳を傾け，共に驚き探究することである。

第3章 人との関わりに関する領域「人間関係」

3 自分の考える世界と相手の考える世界

①心の理論──誤信念課題

　保育者や子ども同士との関わりの中で，子どもたちは自分について知り，他者について知っていく。その様子を考えるために，まず，「心の理論」と呼ばれる研究を紹介したい。「心の理論」とは，子どもたちが，自分とは異なる他者の心の状態，すなわち，他者がどんなことを考えたり，推測したりしているかを，理解することができるかについて検討している一連の研究である。

　ウィマーとパーナー[6]は，この「心の理論」について体系的に調べるために，「誤信念 false belief 課題」を考案した。この課題は次のような物語を用いる。マクシという男の子が，チョコレートを緑の棚にしまう。そして，マクシが出かけている間に，マクシのお母さんがケーキをつくるためにそのチョコレートを取り出して使い，緑の棚ではなく青の棚にチョコレートをしまって，買い物に出かける。そして，そこへ帰ってきたマクシが「チョコレートがどこにあると思っているか」という質問が実験に参加している幼児期の子どもたちになされる。その結果，3〜4歳の子どもたちは，チョコレートが実際にある，本来マクシは知らないはずの移動先である「青の棚にある」と答える。一方，4歳から7歳にかけて，子どもたちは「マクシは緑の棚にチョコレートがあると考えている」というように，出かけていてチョコレートのしまってある場所が変わっていることを知らないはずのマクシの「心の状態」，すなわち相手の心の状態の表象としての「心の理論」を推測して答えられるようになっていく。

　誤信念課題は，このほかにも，片方のお人形が出かけている間にボールがしまってある場所が移動するサリーとアン課題とよばれるものや，チョコート菓子が入っている箱に鉛筆が入っている状態を用いるスマーティ課題等もある。そして，このような誤信念課題とよばれる構造の物語は，3歳児は理解がむずかしく，4歳児以降ではかなりの子どもたちが理解すること，さらに，自閉症児は4歳児と同程度の知的能力を有する場合でも，この課題の理解に困難を抱えていることが示されている。

②心の理論と実行機能

　近年，この心の理論に関する誤信念課題に正答するには，実行機能の発達が大きく関わっていることが注目されている。実行機能とは，行動

や思考，注意等の調整に関連する過程で，目標到達のために意識的に制御する能力である。

たとえば，マシュマロ・テストと呼ばれる実験がある[7]。保育園の子どもに一人ずつ部屋に来てもらい，マシュマロ1個をすぐにもらうか，一人きりで最長20分待って，マシュマロ2個（複数のお菓子の選択肢の中から好きなご褒美）をもらうかを選択してもらうことから始まる。子どもたちは，一人でテーブルに座り，欲しければすぐに食べられるマシュマロ1個と，待てばもらえる2個のマシュマロと向かい合って過ごす。机の上にはマシュマロのほかにベルがあり，待てなくなったら，そのベルを押して大人を呼び，マシュマロ1個を食べてもよいことになっており，大人が戻るまで待つことができたら，マシュマロ2個をもらえる。

この実験とともに実行機能が注目されたのは，この実験から約10年後，マシュマロ2個をもらうまで待つことができた子どもたちが，マシュマロ2個をもらうまで待つことができなかった子どもたちよりも，誘惑に負け難い，集中するときには気がちり難い，聡明，自立的，自分の判断に信頼をおいているといった特徴があり，大学進学適性試験の結果がよかったことにある。さらに成人期には，薬物使用や肥満等の健康問題を起こし難く，対人関係も適応的であった。つまり，自己を制御し，先延ばしにする能力があることで，より建設的に生きることができるという結果が示されたからであった。

さて，この実行機能は，どのように心の理論課題と関係しているのだろうか。実は，心の理論課題は，ストーリーの登場人物の行動について理解し覚えておくこと，モノの本当の場所についての自分の知識を抑制すること，自分の知識から主人公の知識に注意を切り替えること等，実行機能と関わる抑制機能，作業記憶，認知的柔軟性をも尋ねている。他者の心の状態に気付くだけではなく，様々な認知能力の育ちとの関わりの中で，4歳頃，誤信念課題に正答するようになるととらえられる。

③言葉を用いない誤信念課題

誤信念課題が，単に他者の心の状態に気付くだけではない力をも必要とするものであるならば，もっと小さいときに心の理論は発達の萌芽が見られるのではないだろうか。実際，この章での最初の事例における生後6週間のシャミーニにも，明らかに母の微笑んでいるが動きを止めた顔に気付き，母のことを気にかけている様子が見られた。

オオニシとバイラージョン[8]は，言葉を用いないかたちでサリーと

第3章 人との関わりに関する領域「人間関係」

アン課題と同型の誤信念課題を実施した。

　言葉を使わずに誤信念課題を示すことはどのように行われたのだろうか。それは，実験者が見ていない間にモノが移動していたあとの反応を赤ちゃんの前で演じることによって示された。まず赤ちゃん（15か月児）の前には黄色い箱と緑の箱，そしてその間にスイカの模型が置かれている。そしてスクリーンが下がって登場した実験者は，スイカを手にとって緑の箱に入れる。その後，実験者が見ている目の前でスイカが緑の箱から黄色の箱に移動した後に，実験者が黄色の箱に手を伸ばしスイカを取り出す場面を見ても赤ちゃんは驚かない。ところが，スクリーンが上がっていて実験者が見ていないときに，スイカが緑の箱から黄色の箱に移動し，再びスクリーンが降りて，実験者が緑の箱に手を伸ばす場面を見ても赤ちゃんは驚かないが，黄色の箱に手を伸ばした場面を見たとき，赤ちゃんは驚き長く注目するのである。つまり，赤ちゃんは，実験者が見ていない間にスイカが移動し，その移動を知らない行為を実験者がとるときは驚かず，知らないはずなのに移動先を探すという移動を知っているような行為をしたときには驚いたことになる。このような実験によって，オオニシとバイラージョンは15か月児であっても，原初的で言語化できない暗黙的な「心の理論」をもっていることが想定されるとしている。

　このような実験からも，幼児期を迎える前から，子どもたちが他者に気付くことができる存在として，関わりあうことはひじょうに重要であるととらえられる。

 協同的な学び

1 学びとは

　「遊びは学びである」とはよく耳にする言葉である。それは，実際どのようなことなのだろうか。

事例3 水の流れたい方向

　園庭で，山のようになったところから，4名の男児と保育者が水を流して遊んでいる。水をくんできては山の上から流すことを繰り返している子がいる一方で，水が流れて行く先に注目しているNくんがいた。彼

はしばらくじっと水の流れを見ているかと思うと，水が流れていきそうな先に溝を掘り始めた。水の流れが来なくなるとしばらく待ち，また水が来ると，その流れそうな先に溝を掘っていく。そしてその水の流れが，ほかの流れと合流したとき，Ｎくんは，ほっと一安心したような表情を浮かべた。

　何気ない「遊び」場面であるが，ここにはたくさんの「学び」も同時に見て取ることができる。Ｎくんは，じっくりと一つのコトに取り組んでいる。そして，その一つのコトに対して，Ｎくんは真摯に働き掛け，その働き掛けによるモノや出来事の変化，モノや出来事が彼らに返してくれることをしっかりと見つめ，その変化に応じてさらに働き掛けている。先ほどの赤ちゃんの事例２と同様に，あたかも様々な対話が，子どもとモノとの間でなされているようである。このように，あるモノやコトに夢中になりじっくり取り組む，モノとの対話，モノの探究の世界が「遊び」，そして「学び」の原点であるととらえられる。

　このような遊びと学びを支える営みを支えているのが保育の場である。保育の場では，このような子どもとモノとの対話を保育者が共に楽しみ，空間をつくり出している。そして，そのようにある子どもと保育者の探究の世界には，ほかの子どもたちも引きつけられていく。ほかの仲間もまた，そのモノとの対話を始めるとき，探究の世界が多様に広がり，互いに刺激を受けながら深まっていく実践が生まれてくる。子どもたちが安心して自分なりにモノと対話し，学ぶ世界が保育の場面で広がっていくとき，子どもの学びの世界だけでなく，保育者の学びの世界も共に広がっている。

　ところが，保育の場面では，このようなモノとの対話が閉ざされてしまうこともある。たとえば，男の子が長い筒をもって振り回していた。ふと窓枠に当たるといい音がする。彼はリズムをとるように叩き始めたが，通りがかった保育者が「危ないから叩いちゃだめよ」と声をかけ，彼の探究はそこで終わってしまった。子どもとモノとの対話が保育者に見えていないとき，モノとの対話，学びは閉ざされてしまうこととなる。

　また，子ども自身がじっくりと自分のペースでモノと関われないとき，たとえば，保育者や子ども自身にとって何で遊ぶかよりも，仲間と一緒に遊ぶ，行動することが優先されたり，幼稚園で何をするかが保育者のペースで決まっていたりするときも，遊びと学びの世界は閉ざされてしまうことが多いだろう。

第3章 人との関わりに関する領域「人間関係」

認知的スキルと社会情動的スキル

「遊び」と「学び」が別のものとしてとらえられやすい原因の一つとして，「学ぶ」というと知識，思考，経験を獲得すること，獲得した知識をもとに解釈し，考え，外挿する能力，すなわち「認知的スキル」を身に付けることと考えられがちなことにもある。

しかし，近年OECDや経済学者ヘックマン（J. J. Heckman）の研究等により，「社会情動的スキル」または「非認知スキル」「非認知能力」と呼ばれる力が注目されてきている。社会情動的スキルとは，目標を達成する力（例:忍耐力，意欲，自己制御，自己効力感）や他者と協働する力（例:社会的スキル，協調性，信頼，共感），情動の制御する力（例:自尊心，自信，内在化・外在化問題行動のリスクの低さ）を含んでおり，日常生活の様々な場面に関わってくる。OECDでは，社会情動的スキルは「(a) 一貫した思考・感情・行動のパターンに発現し，(b) 学校教育またはインフォーマルな学習によって発達させることができ，(c) 個人の一生を通じて社会・経済的成果に重要な影響を与えるような個人の能力」と定義している[9]。

この社会情動的スキルが注目されてきているのは，乳幼児期から児童期にかけて，従来の「学び」の力として注目されてきた認知的なスキルと「共に」，社会情動的スキルを育てることが，子どもたちのその後の発達を支え，子どもたちの一生をより幸福なものとし，社会への貢献にもなることが実証的研究によって示され始めたことによる。たとえば，社会情動的スキルが育まれることで，薬物依存になる確率が減るということは，個々人が健康でよりよく過ごせるとともに，その個人が市民参加をして社会に貢献でき，経済的な負担も減らすことができるといったかたちで社会を支えることとつながっている。

幼稚園教育要領においても，この時期は「心情」「意欲」「態度」が育まれるものと位置づけられ，特に人間関係の領域には社会情動的スキルと密接な関わりをもつことが多く含まれているととらえられる。自己発揮，他者から認められる経験を通して自己肯定感をもつこと，自己制御，また，友達と力をあわせて一つの目的に向かって取り組むといった人との関わり，さらには協同に関わることが示されているからである。現在の世界的な研究動向も踏まえて，2017（平成29）年に告示された幼稚園教育要領には，社会情動面に関わる非認知能力に関わる内容が，以前よりさらに踏み込んだかたちで入ってきている。

ただし，一つ注意しておかねばならないことは，すでに本章で見てきたように，子ども自身は赤ちゃんのときから「他者と関わろう」とし，

他者を「分かろう」としている存在であることである。そのことを踏まえたとき，ただ教育の場で社会情動的「スキル」というものを「育まねばならないこと」と見るのでは，認知的スキルが低い子どもに知識を「学ばせなくてはならない」ととらえることと同じかたちとなってしまう。すでにいくつかの研究で紹介したように，赤ちゃんの頃から，子どもは根源的に他者と「関わりあおう」とし，ものごとを「分かろう」とする存在である。その視点で子どもを見るならば，「幼児期の終わりまでに育ってほしい姿」のキーワードともなっている「自立心」「協同性」「道徳性・規範意識」等は，赤ちゃんにも見ることができる。子どもはもともと尊厳ある個人としてすでにそのようなことを志向する存在である。保育者が，そのような子どもという存在と，どのように「関わりあおう」とし，「分かろう」とする姿勢を考えていくかが重要であると思われる。次に「協同的とは何か」をキーワードにそのことを検討していきたい。

2 協同的とは何か

「きょうどう」には，「共同」「協同」「協働」という表記があるが，今までその違いに注目したことはあるだろうか。それぞれの言葉をぜひ一度辞書で調べてみてほしい。秋田喜代美[10]は，グループ内で課題を分担して作業を行う共同作業（co-operation 同じ対象に働き掛ける）と，グループとして何かを共有する協働学習（collaboration 共に働く，耕す）とを分けてとらえている。そして，一つの課題解決や目標に向かって各自が分担して，最終的に結果や作品を共有することが「共同」であるが，その共同に至る過程を共有し，交流・探究することで互恵的に学び合うこと，それぞれ異なった学びのプロセス，参加も認め合えるありようが「協働」であり，そちらを今後の学びの場における課題としている。現在，「協同的な学び」としてとらえようとしていることは，この個々の学びのありようも含んだ「協働」がイメージに近いととらえられる。秋田自身も公的な文書では幼稚園教育要領等の表記もあり「協同」と記すが，より考えていきたいのは「協働」と述べている。

協同の基礎となる仲間との関わりの育ち

新生児のもらい泣きの現象で，仲間への関わりが強い共感に支えられているように見えることをすでに述べた。さらに仲間に関することを挙げると，自分の泣き声より他児の泣き声にもらい泣きすることが多いだ

第3章 人との関わりに関する領域「人間関係」

けではなく，自分と近い月齢の泣き声に対して，よりもらい泣きしやすいというデータもある。そのように他者との関わりへの志向が見られる子どもたちが幼稚園に入ってくると，どのように仲間との関わりを始めるのだろうか。

事例4 遊びの動きが重なる（3歳児クラス）

登園後のお支度をすませ，おままごとのコーナーに入っていったのは，マユコ（女児），マユ（女児），ソウタ（男児）の3人である。最初は3人それぞれが，いわゆる「おままごと」の動作，たとえば食べ物をお皿に載せたり，お鍋に入れたものをかきまぜたりしている。そのように過ごしているうちに，電話が使われる。電話は違うタイプではあるが3つあったためもあってか，それぞれが手にして，「もしもし」と言葉が交わされ，笑顔も見られる。さらに，その後，同じようにエプロンをそれぞれが身に付け，同じように布を机の上に広げ物を包むという動作が見られた。

ここに挙げたのは，3歳児クラスで遊びが始まる一場面である。遊びが始まるというと，「おままごとをしましょう」「おにごっこをしましょう」と，何をして遊ぶかの目的を決めて遊び始めるかのような印象が強いかもしれないが，入園した頃の遊びはこのように，相手の動きに同調していくように，あるいは，相手の動きを取り入れて模倣するかのように共に遊んでいる場ができていくことが多いように思われる。

同じことをすることは楽しく，この楽しさに支えられて，仲間との遊び，協同性はさらに発展していくこととなるが，この場面が成り立つには，実は同じモノが使える，数名が一緒に集まりじっくり遊ぶことができる場がある等の保育の場が支えている。

事例5 「なかよし」の可視化と近づき難さ（3歳児クラス）

タエコとミオの姿が砂場にある。それぞれが容器に砂をつめて，それをもって園庭を横切り，補助の先生がいる階段のところへと出かけていく。並んで座って食べるふりをして「おいしかった」と言い合っている。先生にも「お弁当なの，いいわねぇ」と言われ，2人は，にっこりと笑っている。そしてまた砂場に戻ってきて砂を詰めなおし，出かけていく，という遊びを繰り返している。どちらかがどちらかの模倣をしているのではなく，行為が始まるきっかけは，タエコのこともあれば，ミオのこともある。

このとき，サエカの姿はぶらんこのところにあり，2人の様子を遠巻きに見ている様子が見られた。

この場面は，より一緒に遊ぶことが楽しくなり，お互いの行為をまねし，さらに楽しい思いをお互いに示し合っている様子を描いたものである。このように同じことをすること，同調は仲間関係を大きく支え広げていく。ただ，このタエコとミオの関係に入れないサエカのことを事例にひとこと付け加えたように，保育という場においては，同じことを楽しむ仲間がいる一方で，同じことを楽しむことがむずかしい仲間も現れることとなる。

日本保育学会課題研究委員会による「質が高い遊びとは何か？」の研究において，多くの回答が得られたカテゴリは「協働協同協力」「自主自発自立」「集中熱中没頭」「共有共感イメージの共有」であったとの報告がある[11]。遊びが共有できるようになること，協同的な遊びが展開されること等，仲間との遊びが発展することは，遊びの質が高まることとしてとらえられている。協同的な遊び，学びを考えるとき，多くの場合，みんなで一つのことに取り組むこと，一つにまとまっていくテーマを考えがちである。

しかし，協同的になる遊び，協同的な学びを一つの集団にまとまることとのみ考えると，子ども一人一人の多様な経験が見落とされてしまう。この事例のように，動きが一つにまとまった，あるいは，あるモノをおそろいでもつことで一つにまとまった仲間遊びの状態を考えてみよう。そこには，楽しい一つにまとまった集団，子どもたちがいる一方で，共通な動きをとれなかったり，共通のモノをもてなかったりする経験をする子どもも生じる。すなわち，仲間関係が成立すると同時に，仲間と同じ経験をすることがむずかしいことも生じることになる。

ここで浮かんでくる一つの課題は，同じことをするだけではない，多様性が受け入れられた仲間との関わり，遊びとはどのようなものだろうか，ということである。もちろん他者と一緒のことをする楽しさが協同を支える一つの条件であることは大人になっても多くある。しかし，同じことをすることだけが協同的な学びではない。むしろ，先ほどの「協働」を考えるならば，それぞれの楽しさの違いもありうる，それぞれの個の参加の違いもありうる中で，その多様なありようが受け入れられ認め合えるような関わりはどのようなものかが，検討する必要のある「協同的な学び」であると思われる。

第3章 人との関わりに関する領域「人間関係」

　この多様性を含み込んだ協同的な学びを考えるに当たっては，ズレながらも共有が生まれる遊び，個々がもつ，様々なズレを含み込んで遊ぶ世界，お互いのズレを尊重できる世界がまず重要ではないかと考えられる。そのズレを次の事例から考えてみたい。

事例6 ずれていても共有できる仲間との遊び（3年保育幼稚園年少3月）

　砂で遊んでいるKくん。先生が「隠してあげる」とKくんの周りにタイヤとマットを，さらに上に屋根となるよう，マットを置いている。Kくんは，砂での遊びをおうちのようになったその空間の中で続けている。ほかの子どもが中を覗き込んでも，Kくんは，中に入ったままで，あまり応対もしていない。一方で，となりにできた同じ形のおうちに入ったHちゃんとTちゃんは，出たり入ったりしており，覗き込む子には嬉しそうにおうちであることを告げたり，手を振ったりしている。
　やがて，Kくんは，砂で遊ぶ手をとめ，空間から出てきて，マットを立てかけ，マットが二重になるようにしたりしている。
　このとき，Kくんと一緒に同じように，マットをさらに立てかけながら，先生が，もう一つの場所への入口をふさいでしまったのもあり，「あっちから入れるよ」とHちゃんに話す。Hちゃんがこの声をきっかけにKくんのいた空間に入ろうとすると，反対側にいたKくんがあわててやってきて「(Kの) 玄関なの」と声をかけ，Hちゃんを退かせ，自分が入った。TちゃんとHちゃんは，となりの空間に2人で入っていった。

　この場面でKくんは，最初は砂で遊ぶこと，あとからはマットを丁寧に立てかけることにおもな関心を示し，ほかの子どもたちとおうちごっこそのものを共有するようには見えない。しかし，ではKくんは一緒に遊んでいないかというと，幼稚園という空間の中で，同じ場所で同じモノに関わり，共に過ごしている中で，「おうち」ということをなんとなくではあるが共有している様子，たとえば自分のいる空間の入り口を「玄関」と見立てることも見られる。Kくんはモノに関心が強い様子を見せていたが，このようにほかの子どもとは異なるスタンスで一つの場に接することで，遊びを共にしていくことが可能である様子を見ることができた。
　年中児の秋頃，Kくんは折り紙でどんぐりをつくること，そして，それを綺麗な色の順番にこだわって並べることに打ち込んでいた。周りの子どもたちは，おみせやさんごっこに関心があった。この仲間が同じ場で遊びが重なっていったとき「どんぐりやさん」が協同的に生まれてい

た。また，年長児の春頃になると，彼なりのこだわりが，遊びの中により組み込まれていった。たとえば，大型積み木で，大きなおうちをつくる場面で，彼のアイディアはより「おもしろい」ものとして取り入れられつつ，進んでいく場面が見受けられた。

　仲間という存在はお互いに異なる存在である。しかし幼いときから互いへの関心は存在し，動きを共にし，同じ物を使い，お互いの「思いは異なりつつ」も場を共にする中で，共に遊ぶ世界がより豊かに広がっていくようにとらえられる。次の事例でさらに考えてみたい。

事例7 幼稚園3歳児クラスでの学びの広がりと深まり

　クラスのある子がとても宇宙が好きで，自由に絵を描くときには，いつも宇宙の絵を描いて「これが双子座だ」等説明してくれる。そこで保育者は暗い系統の色の画用紙をもってきて，「こんなのもあるよ」と示したところ，その子は「ここに宇宙に描く」と勢いよく，そしてあまりにも楽しそうに描いていた。それに気付いた周りの子たちもまた口々に「僕にもそれをくれ」と言い，黒い紙にそれぞれの表現で宇宙を描いた。

　次の日，保育者は綿棒と明るいパステル系，白・黄色の絵の具を用意した。宇宙が大好きな子に「昨日すごく上手に描いたから，こういうのもできるよ」と見せると，その子はとても喜んで，どんどん描いていった。すると周りの子どもたちが，その姿を見て，やはりそれぞれ楽しみながら描いていく。

　このような出来事から「宇宙」というフレーズがクラスの中で，はやり出した。せっかくなので，みんなが描いた宇宙の絵をお部屋にどんどん貼り始める。保育者もまた宇宙や星の写真を探してきてお部屋に貼ると，子どもたちも一緒に貼ったり，眺めたりする。

　100枚くらいの絵が貼られて，カーテンで仕切られたような空間ができる。それを見たある子どもが，その暗い中であかりをつけたいと，家から懐中電灯をもってきて照らす。みんなでその空間で楽しむと，子どもたちから，今度は「太陽がいる」「おっきいのがいい」という声が出てきて，相談しながら，大きなカラーポリ袋にいろいろ詰めて，真ん中から吊り下げる。さらに，子どもたちから，今度は「もっと暗くしてくれ」との声が上がり，黒いカーテンをもってきて吊って，電気を消して，懐中電灯を当てて楽しむ。さらに，保育者がミラーボールを「こんなのもあるよ」と出してみると，子どもたちは，そこにライトを当てて，影が黒いカーテンに映るのを見て，みんなでその空間にいる居心地よさと

第3章 人との関わりに関する領域「人間関係」

ともに，こっそり楽しむ。

このような何日にもわたっていく活動がおもしろいと思った保育者が，それを写真に撮って，ポートフォリオやクラス便りにも載せると，保護者にもその楽しさが伝わっていった。

ここでは，まず保育者が子どもの遊び・活動の豊かさに気付くことがスタートである。そして，その遊び・活動のありようを保育者自身もおもしろがっている。さらに，そこから子どもと保育者との遊びや活動のさらなる探究が始まり，それに応じるように子どもからも次々とアイディアが生まれてくる。ある子どもと保育者との探究により見えてきた活動や遊びのおもしろさ，興味深さに，ほかの子どもも引きつけられ，参加するかたちで活動はより多様化し，その遊び・活動をほかの保育者，保護者もおもしろがることに広がっている。

ここでの子どもたちも保育者も，活動の最初から「プラネタリウムをつくろう」と計画して行ったのではない。子どもがおもしろがっていることを，保育者も共にさらにおもしろく工夫し考え，そして子どもも保育者もそれぞれに探究していったとき，遊びと学びが広がっているのである。

第3節 社会生活における望ましい習慣や態度

1 道徳性の根っこ

ポール・ブルームは「赤ちゃんも道徳的な生きものである」と述べている[12]。道徳はとても複雑な概念であるが，不正に関わること，正しさに関わることととらえてみたとき，次のような実験がある。

この実験では，6か月の赤ちゃんに幾何学図形が動く2つのアニメーションを見てもらう[13]。アニメーションの一つは「助ける」場面で，目がついた赤く丸い図形が坂を登ろうと試みているところに，黄色い三角の図形が坂の下から押し上げて手伝ってくれるものである。もう一つのアニメーションは「邪魔する」場面で，同じく目がついた赤く丸い図形が坂を登ろうと試みているところに，坂の上から青い四角の図形があらわれて押し下げ邪魔をして登れなくなってしまうものである。この2つの場面を見たあと，赤ちゃんに黄色い三角と青い四角のアニメーションに出てきたものの実物を並べて選ばせると，「こっち」と見せている

大人に訴えるような視線を向けながら黄色い三角を叩く。つまり、助けた、よい行いをしたほうを赤ちゃんは選択したのである。この実験から、こんな小さなときから正義感にあふれている様子、道徳性の芽生えを見て取ることができる。

　では赤ちゃんのときから道徳性の根っこをもつ子どもたちと、どのように関わりあうことで、より、その道徳性はかたちになっていくのだろうか。次の事例から考えてみたい。

事例8　意見の対立で進まなくなった！

　ある男の子のアイディアをきっかけに、保育園を「おばけやしき」にしようという活動が始まり、クラスのほかの子どもたちも参加したい気持ちが生まれ始め、活動がつながり続き始めた。子どもたちから出て来る様々なアイディアのおもしろさを保育者も楽しみ始め、また、遊びが続くようになったことにより、以前よりけんかやもめごとが少なくなったように感じると、嬉しそうに主任保育者も語っていた。ところがある日、どうしたらよいかと戸惑う声が上がった。ある子どもたちは「すぐにおばけやしきをしよう！」、もう一方の子どもたちは「まだ始めない！中にも絵を描いてから！」と意見が対立し、以前より大きなもめごととなり進まなくなってしまって、保育者は途方に暮れてしまったのである。

　もし、みなさんがこのような場面に出会ったら、どのように応じるだろうか。「いざこざ」「けんか」の場面に出会うと、保育者がまず思うのは、けがをしないように、であるだろう。だが、そのことを考えつつも、どのように応じるかが「道徳性」の問題とも深く関わっているととらえられる。それは、道徳がそれぞれの「訴え」を聴き、どちらがより「よい」営みであるかを、共に考えていくこととととらえられるからである。

　よりよいことは、「こうすべき」とあらかじめ決まっていることではない。先生が「こうしなさい」と決めることでもない。それぞれが「こうしたい」という思いを訴え合い、その上で本当にどちらがよりよいことかを考えていく中で見えてくることである。

　そのように考えると道徳性、社会生活における望ましい習慣や態度を考えるとき、「よりよいこと」を一方的に教えるのではなく、それを考えていく機会が大切なことだと思われる。この場面でも、それぞれがどうしたいかを、保育者も共に、お互いに聴き合いながら、考えていくことが大切になるだろう。

第3章 人との関わりに関する領域「人間関係」

2 ルールのある遊びを通して考える

　本章の最後に、ルールのある遊びの中でそれぞれによりよいことを考え、それぞれらしく参加するありようを次の事例から考えてみたい。

事例9 それぞれの楽しみ方とみんなで工夫して楽しむこと

　年長児クラスの1年間を通しておにごっこで楽しんでいたクラスについて、その様子をうかがうとおもしろいことが見えてきた。

　年長児クラスになった最初の頃は、クラスの中で月齢の差が見られ、同じ「おにごっこ」とはいえ、自分たちで遊び始めて複雑なルールを取り入れたおにごっこを楽しんでいる子どもたちと、保育者と一緒に追いかけっこの要素が強いおにごっこを楽しんでいる子たちがいた。

　そのそれぞれの自分なりに楽しめるおにごっこに参加して楽しんでいた子どもたちが、10月の運動会でクラス全員が走るリレーを体験した。この園のリレーは1クラスを紅白に分け、子どもたち自身がリレーの中で走る順番を考えるものである。当初は、そのクラスに、ずば抜けて足が速いBくんがいたことで「あの子がいるから勝てる」「勝ちたいけれど、Bくんがいるから無理」という気持ちがそれぞれのチームの中で見られた。しかし、Bくんのいないほうのチームがバトンやコーナーの練習をしたことで初勝利し、お互いにどうしたら勝てるのかを考える経験を繰り返していくプロセスをじっくりと経験した。子どもたちは紅白それぞれのチームで、「(自分は) 遅いから早めに走りたい」「○○君は早いからアンカーがいい」と自分や相手の個性を考え、チームとして勝つためにはそれぞれがどうすればよいかということの意見を出し合い工夫を重ねて行った。

　このような運動会のプロセスを経験した後のおにごっこでは、ドロケイが流行り出した。子どもたちはドロケイを始める際の会話の中で、ごく自然に「Bくんは足が早いからケイサツ一人ね！」「うん、それいいな」と話していたり、「私、走るの苦手だからNちゃんと一緒ケイサツしたい」「私も遅いから、一緒でもいい？」と相談をもちかけたりしていた。そして、それまでは保育者が一緒でないとおにごっこをしなかった子どもたちも一緒に、クラスのみんなで自分たちが一緒に楽しめるおにごっこをつくっていった。

　ルールがある遊びが展開されるときも先ほどの道徳性について考えた

ことと同じありようがあると思われる。すなわち，ルールがある遊びが楽しくなるべき年齢であるから，そのルールをうまく導入しよう，さらには，ルールがあるからそれを守らせて遊ばせようとするのではなく，子どもたちそれぞれの体験からルールの必要性を感じ，つくり出していくプロセスをこの事例からはとらえることができる。このようなプロセスが生まれたのは，それ以前に自分たちなりのおにごっこの楽しみ方をそれぞれがしっかりと経験してきたこと，おにごっこ以外の経験（ここでは特に運動会のリレーが挙がっているがそれ以外の生活も含めた）中で，お互いをよりよく理解することがあったからこそ，このような遊び方が成り立った。そして，このプロセスの中で，自分自身の気持ちのコントロール，他者との葛藤を乗り越えるという体験がある。ただ，自分の気持ちを押さえれば葛藤が解決するのではなく，それぞれのよさを生かした葛藤の解決が見える。そこに，子どもたちが，異なる意見を受け入れ，相手の信頼をも育みながら，よりよい協働を自らつくり上げていく姿を見ることができる。

　保育の場における仲間との関わりは，共に同じことをしながら親密さを高めつつ，ときにはぶつかり合いながらよりお互いを理解し，共に学び協力する姿の育ちとしてとらえることができるだろう。子どもたちはみんなと共に，自分自身のよさを育み知っていくのである。保育者は子どもそれぞれとの関係を育むとともに，その仲間との育ちを支える役割も担っていくこととなる。

　最後に，そのような保育者の役割を考えていくに当たって，「幼児期の終わりまでに育ってほしい姿」をどのように考えるかを検討してみよう。「幼児期の終わりまでに育ってほしい姿」として挙げられている10項目は，幼児期の終わりで急に育ちが見えてくるものでも，評価できるようになるものでもないと思われる。本章では「人との関わりの根源性」「協同的な学び」「社会生活における望ましい習慣や態度」について考えてきたが，10の姿に含まれていることでいえば，「自立心」「協同性」「道徳性・規範意識の芽生え」と関連性が深いととらえられる。そして，その「自立心」「協同性」「道徳性・規範意識の芽生え」のありようは，赤ちゃんのときにも，赤ちゃんなりに自らやりとげようとする姿や，他者と関わろうとする姿，そして，正義感あふれる姿として見ることができた。赤ちゃんのときから，それぞれの子どもの中にある10の姿のありようを丁寧に見出し，そのありように共感し，共に考えていく姿勢が保育者の姿勢として求められるのではないだろうか。

第3章 人との関わりに関する領域「人間関係」

① 子どもたちとの人との関わりの育ちを、保育の具体的な事例を調べながら自分なりにまとめよう。
② 実際に子どもたちが遊んでいる場面を見ながら、子どもたちがそれぞれにどのようなことを楽しんでいるのかを意識してエピソードとして記述しよう。
③ 仲間との関わりあいを支える保育者の役割にはどのようなものがあるか具体的に検討しよう。

引用文献

1 レディ, V『驚くべき乳幼児の心の世界――「二人称的アプローチ」から見えてくること』佐伯胖訳, ミネルヴァ書房, 2015年
2 前掲書, 94頁
3 Nagy, E., & Molner, P. (2004) Homo imitans or homo provocans? Human imprinting model of neonatal imitation. Infant Behaviour and Development, 27, 57-63.
4 佐伯胖『イメージ化による知識と学習』東洋館出版社, 1978年
5 新宿スタジオ DVD「一人あそびへのまなざし――0歳児の集中力空き缶あそび(乳幼児へのまなざし第1巻)」
6 Wimmer, H., & Perner, J. (1983) Beliefs about beliefs: Representation and constraining function of wrong beliefs in young children's understanding of deception. Cognition, 13(1), 103-128.
7 ミシェル, W『マシュマロ・テスト――成功する子・しない子』柴田裕之訳, 早川書房, 2015年
8 Onishi, K. H., & Baillargeon, R. (2005) Do 15-month-old infants understand false beliefs? Science, 308(5719), 255-258.
9 OECD「家庭, 学校, 地域社会における社会情動的スキルの育成 国際的エビデンスのまとめと日本の教育実践・研究に対する示唆」池迫浩子ほか訳, ベネッセ教育総合研究所, 2015年
10 秋田喜代美『子どもをはぐくむ授業づくり――知の創造へ(シリーズ教育の挑戦)』岩波書店, 2000年
11 日本保育学会課題研究委員会ほか企画・調査「質の高い遊びとは何か?――遊びの質を規定するための条件」保育学研究, 49(3), 2011年, 291-300頁
12 ブルーム, P『ジャスト・ベイビー――赤ちゃんが教えてくれる善悪の起源』竹田円訳, NTT出版, 2015年
13 Hamlin, J. K., Wynn, K., & Bloom, P. (2007) Social evaluation by preverbal infants. Nature, 450(7169), 557-559.

参考図書

◎ 佐伯胖編『共感――育ち合う保育のなかで』ミネルヴァ書房, 2007年
◎ 吉村真理子著, 森上史朗ほか編『吉村真理子の保育手帳(全4巻)』ミネルヴァ書房, 2014年
◎ レディ, V『驚くべき乳幼児の心の世界――「二人称的アプローチ」から見えてくること』佐伯胖訳, ミネルヴァ書房, 2015年

第4章 身近な環境との関わりに関する領域「環境」

本章では，保育実践事例と共に，子どもの育ちの一側面となる身近な環境との関わる力，そしてそれらを育む領域「環境」における，ねらい及び内容，内容の取り扱いを概観する。また保育者が，「周囲の様々な環境に好奇心や探究心をもって関わり，それらを生活に取り入れていこうとする力を養う」ことを，子どもの生活や遊びの中にどのように意味づけていくのか，そのための環境をどのように構成していくのかを考える。
また，さらに就学前の教育及び保育を行う機関・施設で共有すべき幼児教育において育みたい資質・能力及び「幼児期の終わりまでに育ってほしい姿」に示される関連事項についても触れる。そしてそれらが生活や遊びの中で総合的な指導を通して一体的に育まれるような視点を，保育者がどのようにもつことが求められるかを確認する機会とする。

第1節 保育内容の領域「環境」を考える基本的事項

1 乳幼児期の子どもの育ちの特性と保育の営み

　私たち人（ヒト）は，自然に変化して成長する力と，周囲の環境に能動的に関わろうとし，関わりながら生活に必要な能力や態度を身に付けて発達する力をもっていると考えられている。乳幼児期の教育及び保育の中で，この環境に関わりながら発達する力が育まれるには，主体的・能動的，かつ，具体的・直接的に体験できる環境があることが重要であるともいわれている。乳幼児期の育ちの特性を考えるからこそ大切にしたい点であるといえるものである。また，保育者が，子どもをどのような存在としてとらえるのか，子どもの生活や遊びの中にどのような視点をもって，発達を読み取るのかも教育及び保育を営む上で重要な要素になると考えられている。こうした子ども観や発達観は，「幼稚園教育要領」などに示される保育内容の領域「環境」の中で育みたいとする「周囲の様々な環境に好奇心や探究心をもって関わり，それらを生活に取り込んでいこうとする力」を養うこと，それを達成するために指導する「内容」や指導上の留意点となる「内容の取扱い」を理解することにつながるため，初めに確認をしておきたい。

第4章 身近な環境との関わりに関する領域「環境」

2 保育内容の領域「環境」を考える上で大切にしたいこと

　保育における領域は，子どもの育ちを見つめる窓口として位置づけられ，生活や遊びの中で経験してほしいこと，経験を通して育ってほしい側面が記載されているものである。領域の「環境」は，「身近な環境と関わりに関する領域「環境」」として位置づけられ，その内容は文字どおり「関わること」に視点がおかれている。保育の中での関わりの対象は幅広く，触れることができない自然現象をも取り扱うと同時に，身近なところにある目に見えるもの，形になっているものとの直接的な関わりまでもが挙げられ，多岐にわたる。そのため，子どもの生活と遊びを領域「環境」との関係からとらえようとすると，内容として掲げられている事項の多くが結び付けられることになる。そして，結び付けた内容を，生活や遊びの結果としてとらえると，ややもすると身近な環境と関わったかどうか，関わることができたかどうかという事実や成果に目がいきやすく，それで終わってしまうことも多い。しかし，大切なことは，そのモノや事象にどのように関わったのか，関わりながら何を体験したのか，感じたこと，気付いたこと，分かったこと，試行錯誤したことはどのようなことだったのか等のプロセスが大切となる。また，子どもの生活や遊びで経験することは，一つの発達の側面となる領域だけにとどまらず，いくつかの領域が複合的に絡みあっているため，その読み取りをする際に，環境という側面のみにとらわれないようにしなくてはならない。保育を営む者として，まず，環境に関わろうとする子どもをどのようにとらえるのかを自覚する必要がある。また，子どもの経験や学びを子どもの視点から柔軟に思考できる存在であることが望ましいと考えられている。では，乳幼児期の教育及び専門性をもった専門家としての子ども観，生活や遊びをとらえる視点をどうもつかを考えてみたい。

3 乳幼児の発達研究の成果と保育のあり方

　子どもの存在をとらえる視点（子ども観）は発達心理学・認知心理学等の新しい知見により変化がもたらされるようになっている。これまでも乳児の有能性は知られていたが，それ以上に生まれてからかなり早い段階で，外界に対して自らの意志をもって関わっていることが明らかにされている。レディ（2015）で紹介される新生児の能力は，これまでの子ども観を変えるものがある。そこに描き出された乳児の姿は，より能

動的に，かつ主体的，応答的に環境に関わり，環境をも変化させる力を持つものとされている。このような近接領域の研究成果は，今日の乳幼児の教育及び保育のあり方に大きな影響を与え，2017（平成29）年3月に改訂（改定）された保育所保育指針や「幼保連携型認定こども園教育・保育要領」の乳児保育等の3歳児未満の保育における，保育者の応答性のある関わりを大切にすることにもつながっているのではないかと考えられる。子どもに対して何かを施す，授けるということではなく，適切な環境のもとで子どもが示す興味や関心に応じて，保育者が応答的に関わる，その大人の関わりを子どもがさらに受けて新たなる関わりをつくり出すという構造を見出そうとしていることを大切にしようとするところにつながっている。つまり，子どもは早期より自らの意志で環境に関わる存在であり，かつ，その環境へのさらなる関わりを育てるには，適切な人やモノ，事象が必要であり，それらが子どもの行動に応答する関係であることが大切であるということになる。子どものために周囲の環境をどのようにとらえ，関わりのチャンスをどのようにつくるか，モノや場にどのような教育的意味を見出し構成するかを考えることが必要になる。特に，乳児期には安心できる大人となる保育者の応答的な関わりが，何よりも重要となることが裏付けられている。

4 幼児教育学・保育学の研究成果から遊びをとらえる

　また，子どもの生活と遊びの中に，どのように主体性としての教育的な意義や子どもの発達を見出すのかについても，注意深く考えられるようになっている。乳幼児期の教育及び保育の基本，あり方として，「環境を通しての教育」「遊びを通しての総合的指導」ということが浸透してきた一方で，「遊び」が手段とされ始めていることに，林（2014）や中坪（2017）によって警鐘が鳴らされるようになっている。林（2014）は，遊び研究の基本に立ち戻り，遊びは内発的に位置づけられた行為であり，遊ぶことにより学ぶことが目的になってはならないこと，諸能力が育まれることは結果としてあるものであり，目的になってはならないと断言している。中坪（2017）は，遊びと学びの関係を大切にするべきではあるとしながらも，「遊びを通して学ぶ」という言葉が独り歩きする中で，子どもにとっての遊びが大人中心で語られるようになっていることを指摘している。保育者が子どもの遊びについて，専門性をもって考えれば考えるほどに，見出そうとする教育的な意義や意図的な環境構成は大人

69

第4章 身近な環境との関わりに関する領域「環境」

サイドの視点になっていないか省みる必要があるという。改めて本当の意味で子どもの主体的な遊びを支えることになるのかを慎重に見極めて，実践することが大切であるとし，次のような視点で遊びをとらえる提言をしている。まず，主体性が発揮される遊びの背景には，その原動力となるものが「好奇心」があること，次に，遊びの中で見られる具体的な姿として，「見てまねること」，「仮説を立てて確かめること」，「粘り強く取り組むこと」の3つがあるかという視点から子どもの遊びを見つめることを提言している。

　つまり，保育者があまりにも恣意的に教育的な意味づけをしすぎると，子どもの遊びが，活動，生活からかけ離れたものになることを自戒しなくてはならないという。そのため，領域のねらいを達成するためにどのように生活と遊びや活動を見つめるか，保育環境（スペースまたは空間）の使い方やモノ，場づくりや時間の保障（設定・管理）も含め環境を構成する際に，子どもの視点からしっかりと考える必要があるだろう。

5　子どもの主体的な遊びを引き出す状況を考えた保育実践

　子どもの「主体性」を文字どおりとらえると，それを育む営みをする周りの大人，保育者は，どのように子どもに向き合い，教育及び保育という行為をどのようにすべきであるか，何ができるのか，とても悩ましいことになる。それ故に，援助が見守ることだけに終始してしまう保育者も少なくない。しかしながら，保育者の役割，援助のあり方は様々であり，子どもの「好奇心」に基づき，主体的な遊びを保障する保育実践とはどのような保育かを考える必要がある。中坪（2017）は，いくつかの保育実践の事例を分析し，子どもの主体的な遊びを引き出す状況には，①子どもの偶発的なつぶやきを保育者がキャッチし，それに価値を見出すこと，②子どもの「好奇心」を察知した保育者が絶妙な問いを投げ返すこと，③保育者があれこれと教え導くよりも，遊びに没頭できる時間や環境を保障すること，があるとしている。つまり，保育者が子どもの言動に心を寄せて見たり聞いたりすることができるか，その「好奇心」に基づき，子どもに委ねつつも共に遊びを模索できるか，が問われるということになるだろう。領域「環境」の目標となる「周囲の様々な環境に好奇心や探究心をもって関わり，それを生活の中に取り入れていこうとする力を養う」ためにも，保育者の援助とは，消極的になることではなく，子どもの言動にいかに応答的に関わるか，そして子どもの生活や遊

びに協働していけるかが大切であるということが分かる。

第2節 幼児教育において育みたい資質・能力及び「幼児期の終わりまでに育ってほしい姿」と保育内容の領域「環境」

　この「育みたい資質・能力」と「幼児期の終わりまでに育ってほしい姿」は，これまでもほかの章でも触れられているように，子どもが生活する場（保育所・幼保連携型こども園・幼稚園）で，卒園を迎える5歳児後半の生活の中で見られるようになる10の姿であり，到達することを目的とするものではないとされている。入園してからの時間の流れの中で様々な経験を積み，その結果として現れるだろう姿として描かれている。5歳児の後半に，子どもの姿を相対的に確認し，個別に取り出して指導するものではない，とされることも念頭におく必要がある。そのため，入園してからの過程も大切にして紡いでいく視点をもって考える必要がある。また，こうした姿を小学校教師との間で共有することにより，双方の円滑な接続を図る手がかりとするものである。

　ここでは，10の姿のうち，保育内容の領域「環境」との関連があると考えられる4つの姿（図表4-1），「社会生活との関わり」「思考力の芽生え」「自然との関わり・生命尊重」「数量や図形，標識や文字などへの関心」について事例を挙げながら触れることとする。

図表4-1　幼児期の終わりまでに育ってほしい姿の関連のある4つの姿

育ってほしい姿	具体的な姿
社会生活との関わり	家族を大切にしようとする気持ちをもつとともに，地域の身近な人と触れ合う中で，人との様々な関わり方に気付き，相手の気持ちを考えて関わり，自分が役に立つ喜びを感じ，地域に親しみをもつようになる。また，保育所内外の様々な環境に関わる中で，遊びや生活に必要な情報を取り入れ，情報に基づき判断したり，情報を伝え合ったり，活用したりするなど，情報を役立てながら活動するようになるとともに，公共の施設を大切に利用するなどして，社会とのつながりなどを意識するようになる。
思考力の芽生え	身近な事象に積極的に関わる中で，物の性質や仕組みなどを感じ取ったり，気付いたりし，考えたり，予想したり，工夫したりするなど，多様な関わりを楽しむようになる。また，友達の様々な考えに触れる中で，自分と異なる考えがあることに気付き，自ら判断したり，考え直したりするなど，新しい考えを生み出す喜びを味わいながら，自分の考えをよりよいものにするようになる。
自然との関わり・生命尊重	自然に触れて感動する体験を通して，自然の変化などを感じ取り，好奇心や探究心をもって考え言葉などで表現しながら，身近な事象への関心が高まるとともに，自然への愛情や畏敬の念をもつようになる。また，身近な動植物に心を動かされる中で，生命の不思議さや尊さに気付き，身近な動植物への接し方を考え，命あるものとしていたわり，大切にする気持ちをもって関わるようになる。
数量や図形，標識や文字などへの関心・感覚	遊びや生活の中で，数量や図形，標識や文字などに親しむ体験を重ねたり，標識や文字の役割に気付いたりし，自らの必要感に基づきこれらを活用し，興味や関心，感覚をもつようになる。

◎文部科学省「幼稚園教育要領」2017（平成29）年3月告示より抜粋

第4章 身近な環境との関わりに関する領域「環境」

1 社会生活との関わり

事例1 食育を大切にしている保育園における5歳児の砂遊び

　9月下旬，S市にある私立T保育園の園庭の砂場で，5歳の女児数名がレストランごっこを始めた。女児A「いつものランチください。デザートも」，女児B「お待ちください。いまつくります」と快調なやりとりがなされていた。しばらくすると，女児Bが「今日のランチはこちらです。盛り付けを楽しんでください」と写真4-1の料理を運んできた。そして，しばらくすると「デザートはバニラアイスです。遠足で見たぞうさんの形ですがおいしいですよ」と写真4-2のデザートを続けて運んできた。女児A「おいしそうですね。わあ，素敵な飾り付け……」，女児B「喜んでもらえて嬉しいです。ありがとうございます」と。会話のやりとりも大人顔負けであるが，そこでつくられた料理はとても繊細で大人が見ても驚くものであった。このランチのプレートの盛り方，デザートの盛り付け方は，まさに，日常の生活の中での食経験の積み重ねの現れではないかと考える。

写真4-1　ランチプレート

写真4-2　デザートプレート

　この園では，子どもの生活の活力の源になる食事指導を大切にしている。自園での調理の中で旬の素材を使い，温かいものは温かく，冷たいものは冷たく，提供するということはもちろんのこと，調理する音や匂いを感じることも大切にし，目で見て，鼻で匂い，舌で味わい，みんなで会しておいしく食べる日本の食文化を大切にした実践を重ねている。おなかが空いて食べたいときに自分の手で準備し，しっかり食べ，最後はつくってくれた人にごちそうさまを伝え，感謝の気持ちを表す，ということを繰り返している。クラスでおひつ（写真4-3）から白米をよそ

う，番重（木製の配膳箱）（写真4-4）を使って副食を配膳する等，日本のよき食文化を伝承することも含めた食指導を行っている。また，感謝の気持ちを伝えにいく中で，調理をしてくれた人とのコミュニケーションをとるという関わりも大切にしている。このような経験が，砂遊びのやりとりの中に，様々な形で取り入れられていると思われる。

写真4-3　おひつに入った白米

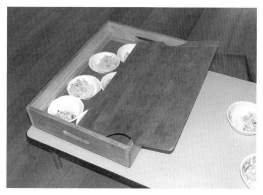
写真4-4　番重（配膳箱）に入った副菜

　何気ない，砂場での遊びではあるが，人を思う気持ち，気持ちの伝え合い，おいしく食べてもらうための工夫等様々な経験が遊びの中に凝縮されていると思われる。このような姿が見られることは，小学校以降の生活においても相手を知ろう，関わろうとする姿につながったり，学んだ情報を生活の中に取り入れようとする態度を身に付けることにつながったりすると考えられる。幼児期に育てたい資質・能力の「学びに向かう力，人間性等」にある，よりよい生活を営もうとする心情・意欲・態度の一側面の育ちと深く関わる実践であると考えられる。

2　思考力の芽生え

事例2　木工遊びに夢中になる4歳男児

　M市にあるS幼稚園（こども園）で木工遊びに夢中になっている男児に出会う。好きな遊びの時間に，一人写真4-5の製作コーナーで釘打ちをしている。角材の胴体に竹の翼をつけて，飛行機をつくっているという。一度，ボンドで留めてから，釘打ちを始めた。竹の素材は薄く，すぐに打ち込め，留めることができたが，次に胴体を長くしたいと考え，新しい角材をもってくる。写真4-6にあるように角材に釘を打ち込むはじめの段階では，釘の頭を軽くリズムよく打ち込む。指を添え，優し

第4章 身近な環境との関わりに関する領域「環境」

く，軽くたたく。近くで見ていると，「手伝って。おさえていて」と。手を添えていると，ある程度，釘先が入ると釘をおさえている自分の手を離し，強く打ち込む。この絶妙な叩き方の違いは，誰かに指示されることなく，自分の感覚で変えている様子があり，ふだんから遊び込んでいる様子が感じられた。「上手だね。一人でできるんだ」と声をかけると，「うん，何度もやっているから，いろんな人に教えてもらった」「釘はね，木より硬いからどんどん入っていくんだよ」とモノの性質も知っているという話をしてくれる。

写真4-5 製作コーナーの素材置場

写真4-6 釘の打ち始め

何度か打つがなかなか進めなくなる。節に当たっているようだがそれには気が付かず，強く打ち続け，ついに釘が曲がってしまった。すると，「こういうときには，横からこうやって」と釘の立て直しを始める。試行錯誤を重ねて，トンカチのもち方（握り方）を変えたり，打つ強さを変えたりして立て直すことができた。しかし，何度繰り返しても曲がってしまうことで，「木が釘より硬いのかな」とつぶやくので，「ここに節という硬いところがあって，硬くて進まないのかな」と声をかけてみると，「別のところにしよう」といって釘抜きをもってきて抜き始めた。結果的には角材が太く，釘の長さも足りず，打ち込むことはできなかったため，ボンドで留めて，紐でしばればよいと決めて，飛行機づくりを終えた。

この間，約30分強，一人で釘打ちをしていたが，試行錯誤を重ね，最終的には違う方法も使いながら，つくりたいものをつくりきった。素材の性質や道具の使い方，必要に応じた道具の選択も考え，じっくりと関わった。4歳児の6月の姿ではあるが，自分の好きなことに取り組む時間と経験の中で，もっている知識，これまでの経験を総動員して向き

合い，むずかしさに出合い判断したり，結果的に多くのことを学んだと考える。こうした積み重ねが，5歳児後半になった時に，そして小学校以降の生活においても，粘り強く，モノと対話しながら学ぶ姿勢を育むことにつながると考える。幼児期に育てたい資質・能力の「思考力・判断力・表現力の基礎」及び「学びに向かう力，人間性等」にある，考えたり，試したりすること，また，根気強く学びに向き合うことの基礎を育んでいる実践であると考えられる。

写真4-7　釘の立て直し（左手）　　　写真4-8　釘の立て直し（右手）

3 自然との関わり・生命の尊重

事例3 季節を感じながらお花の命を大切に

K市にある私立のN幼稚園は，自然との関わりを大切にし，日常の遊びの活動中にたくさんの自然物が取り込まれている。自然のお花や木の実を使って遊ぶことも許され，咲いている草花をつんだり，なっている木の実を使って遊んでいる。ごっこ遊びの中で盛り付けの飾りとして使ったり，色水にしたりして思いのまま遊んでいるが，遊び終わったときに形のあるものは大切にしようと伝えている。そのようなとき，草花の命を大切にするために，季節感を出す水盤（花器）に添えることにしているという。写真4-9は，遊び終わったときにこの透明の水盤のなかにもってきて，草花を観賞用にし長持ちさせることで植物にも命があ

写真4-9　季節のオブジェ

75

第4章 身近な環境との関わりに関する領域「環境」

ることに気が付くようにしているという。また、このような水盤に草花を浮かべることは、涼の感覚を育むことにもつながる。人間の生活において、季節の変化とともに様々な工夫をして心地よい毎日をつくり出すことを生活の中で学び取ることになっている。小さな出来事ではあるが、日々の積み重ねの中で、命の教育を試み、また、自然の変化に対する人間の生活の知恵も身に付けていく実践であると考えられる。

4　数量や図形，標識や文字等への関心・感覚

事例4 知っていることを伝えたい，から始まった絵本づくり

　Z市にある私立K保育園では、5歳児の活動として、例年、秋に絵本づくりに取り組んでいた。文字に関心をもつこと、表現する楽しさを味わうことを幼児期ならではの方法で経験することを重ねている。ある年度の5歳児クラスで、毎年重ねているこの活動をどのように展開するかを考えたとき、より総合的な活動となるように、子どもたち自身が自分の体験したことを誰かに伝えようというコンセプトを加え、絵本のテーマ決めから取り組むこととしたという。夏に向けて栽培活動や観察活動をしていたことと、その中で知った野菜のことを他者に知ってもらいたい、伝えたいという気持ちが高まっていたこともあり、野菜・果物をテーマにした絵本をつくることになった。その結果、出来上がった作品が写真4-10～写真4-13である。

　栽培活動や観察活動を通して経験したからこそ伝えたいことがたくさんあり、描かれる野菜の絵もその特徴や性質をよくとらえた表現になっていた。また、文字も、ダイナミックでのびのびとしていることが分かる。

　こうした、伝えたい気持ちを大切にし、生活に根付いた経験を文字や形、絵で表現して使うことで、形式的に文字や数量、形等を学ぶのとは異なり、それらがもつ役割や便利さに気付くことになると考えられる。こうした実感を伴った気付きや理解の経験は、小学校以降の生活や学びへのさらなる意欲を高めることにつながり、生活に必要な知識や情報、方法等を取り入れ、学びに向かう力の基礎となる経験になっていると思われる。この実体験を伴う豊かな表現活動は、幼児期の育てたい資質・能力の「知識及び技能の基礎」の一側面の育ちと深く関わる実践であると考えられる。

写真4-10　おくらの絵本

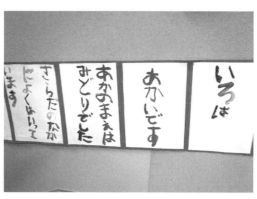
写真4-11　トマトの絵本

写真4-12　たまねぎの絵本

写真4-13　すいかの絵本

第3節　保育内容の領域「環境」と保育実践

1　保育内容の領域「環境」で養う力とねらい

　領域「環境」では，身近な環境と関わることを通して，乳児の生活では，「身近な環境に興味や好奇心をもって関わり，感じたことや考えたことを表現する力の基盤を培う」ことを目標に，また，1歳以上の生活では，「周囲の様々な環境に好奇心や探究心をもって関わり，それらを生活に取り込んでいこうとする力を養う」を目標とし，それぞれ，3つずつのねらいが構成されている。このねらいの3つは，乳幼児期の育み，育てたい，心情・意欲・態度を「環境」の領域から具体的に示したものであり，図表4-2に年齢区分ごとのねらいを概観できるように示した。

第4章 身近な環境との関わりに関する領域「環境」

図表4-2　領域「環境」で養う力とねらい

乳児保育	1歳以上3歳未満児の保育	3歳以上児の保育
身近なものと関わり感性が育つ	身近な環境と関わろうとする「領域」	
身近な環境に興味や好奇心をもって関わり，感じたことや考えたことを表現する力の基盤を培う。	周囲の様々な環境に好奇心や探究心をもって関わり，それらを生活に取り入れていこうとする力を養う。	
【ねらい】 ①身の周りのものに親しみ，様々なものに興味や関心をもつ。 ②見る，触れる，探索するなど，身近な環境に自分から関わろうとする。 ③身体の諸感覚による認識が豊かになり，表情や手足，体の動き等で表現する。	【ねらい】 ①身近な環境に親しみ，触れ合う中で，様々なものに興味や関心をもつ。 ②様々なものに関わる中で，発見を楽しんだり，考えたりしようとする。 ③見る，聞く，触るなどの経験を通して，感覚の働きを豊かにする。	【ねらい】 ①身近な環境に親しみ，自然と触れ合う中で様々な事象に興味や関心をもつ。 ②身近な環境に自分から関わり，発見を楽しんだり，考えたりし，それを生活に取り入れようとする。 ③身近な事象を見たり，考えたり，扱ったりする中で，物の性質や数量，文字などに対する感覚を豊かにする。

◎厚生労働省「保育所保育指針」2017（平成29）年3月告示より抜粋

①乳児保育におけるねらい

　乳児保育においては，身体的発達，社会的発達，精神的発達の3つの側面から子どもの育ちを見つめることとし，保育内容の領域「環境」に関わることは，精神的発達の側面から示されている。乳幼児期のねらいは，心の発達の側面で大切にされる，特定の大人との応答的な関わりに基づいた絆の形成を基本とし，安定した情緒の状況の中，身近な環境に身体を通して関わり，諸感覚を育み，さらなる関わりを求めるものとして，描かれている。乳児が安定した状況の中で，十分に人やモノと関わることを大切にしている。応答性のある関係の中で，人やモノに関わりたいと思える心情を育み，体全体で人やモノと関わろうとする意欲を育み，十分に関わることで態度を高められるようにすることで生活に豊かさが重ねられるようにねらいが設定されている。

②1歳以上3歳未満児の保育におけるねらい

　1歳以上3歳未満児の保育においては，子どもの自分でしたいという気持ちを尊重し受け止め，温かなまなざしをもって見守ることも含めた応答的な関わりを基本とし，行動範囲が広がる子どもの生活を前提にねらいが設定されている。身近なものに関心をもち，繰り返し関わる姿が見られるのもこの年齢の育ちの特性であり，そのことを通して，環境に関心をもつ心情やその事象に心を寄せて関わろうとする意欲の幅を広げられること，関わりながらモノの性質や特性，仕組み等に気付き，様々な発見や思考が広がる態度を育てることにつながるようにねらいが設定されている。

③３歳以上児の保育におけるねらい

　３歳以上児の保育については，保育所・幼保連携型こども園・幼稚園共に共通のねらいとなっている。３歳児になるまで，人やモノとの関わりを大切にしてきたからこそ，育ちとともに広がった世界があること，また，好奇心や探究心をもとに，周りの環境に主体的に関わることでできるという姿がある前提にたって設定されている。そのため，子どもの環境をより教育的にかつ意図的，計画的に構成することが，その子どもの心情・意欲・態度を育み，生きる力の基礎を培うものと考えられている。

２ 保育内容の領域「環境」における内容

　保育の内容に示されていることは，ねらいを達成するために園生活や遊びの中で経験してほしい事項が描かれている。それぞれの年齢区分ごとに，環境全般へ関わりの方向性，自然との関わり，モノとの関わり，人との関わりの４つの視点から園生活が修了するまでに経験し，指導する内容が掲げられている。内容の詳細は図表４－３に示す。乳児保育と１歳以上３歳未満児の保育に示されている内容は保育所と幼保連携型認定こども園に共通することがらであり，３歳以上児の保育について示さ

図表４-３　保育内容の領域「環境」における内容

乳児保育	１歳以上３歳未満児の保育	３歳以上児の保育
①身近な生活用具，玩具や絵本などが用意された中で，身の回りのものに対する興味や好奇心をもつ。 ②生活や遊びの中で様々なものに触れ，音，形，色，手触りなどに気付き，感覚の働きを豊かにする。 ③保育士等と一緒に様々な色彩や形のものや絵本などを見る。 ④玩具や身の回りのものを，つまむ，つかむ，たたく，ひっぱるなど，手や指を使って遊ぶ。 ⑤保育士等のあやし遊びに機嫌よく応じたり，歌やリズムに合わせて手足や体を動かして楽しんだりする。	①安全で活動しやすい環境での探索活動等を通して，見る，聞く，触れる，嗅ぐ，味わうなどの感覚の働きを豊かにする。 ②玩具，絵本，遊具などに興味をもち，それらを使った遊びを楽しむ。 ③身の回りの物に触れる中で，形，色，大きさ，量などの物の性質や仕組みに気付く。 ④自分の物と人の物の区別や，場所的感覚など，環境を捉える感覚が育つ。 ⑤身近な生き物に気付き，親しみをもつ。 ⑥近隣の生活や季節の行事などに興味や関心をもつ。	①自然に触れて生活し，その大きさ，美しさ，不思議さなどに気付く。 ②生活の中で，様々な物に触れ，その性質や仕組みに興味や関心をもつ。 ③季節により自然や人間の生活に変化のあることに気付く。 ④自然などの身近な事象に関心をもち，取り入れて遊ぶ。 ⑤身近な動植物に親しみをもって接し，生命の尊さに気付き，いたわったり，大切にしたりする。 ⑥日常生活の中で，我が国や地域社会における様々な文化や伝統に親しむ。 ⑦身近な物を大切にする。 ⑧身近な物や遊具に興味をもって関わり，自分なりに比べたり，関連付けたりしながら考えたり，試したりして工夫して遊ぶ。 ⑨日常生活の中で数量や図形などに関心をもつ。 ⑩日常生活の中で簡単な標識や文字などに関心をもつ。 ⑪生活に関係の深い情報やなどに興味や関心をもつ。 ⑫保育所内外の行事において国旗に親しむ。

◎厚生労働省「保育所保育指針」2017（平成29）年３月告示より抜粋

第4章 身近な環境との関わりに関する領域「環境」

れる内容は，保育所・幼保連携型こども園・幼稚園に共通することがらである。

①乳児保育における内容

乳児の生活において，まず，大切になるのは，特定の大人との関わりの中に生まれる絆の形成であり，その形成がなされたところで，改めて子どもが主体的に関わる環境を構成することが求められる。子ども自らが手を伸ばし，自分一人で取り組んだり，保育者が共に取り組んだりすることができるような環境が構成される必要がある。以下，S区の私立O保育園の保育環境に学ぶこととする。

1）自分で手を伸ばし，関わりたくなるような環境と保育内容（①②）

子どもは自分の周囲にある環境に体全体を通して関わるものとされ，眺めたり，触ったり，なめたりしながら物の性質や特徴をとらえていく。そのために，まず，子どもが環境をとらえることができるように，玩具の種類や数を考えて保育室に配置し，構成する必要がある。乳児は友達の遊びを見て遊びたい気持ちをもつことがしばしばある。同じもので同じように遊べるよう手づくりおもちゃでは同じ色，同じ形のものを複数個用意し，遊びたい気持ちを保障できるような工夫もしている。

写真4-14，写真4-15に示すように，眺めることができ，触ってみたくなるような様々な素材の玩具を複数個ずつ用意することが大切になる。

写真4-14 0歳児の玩具棚(1)
——木製おもちゃを中心に

写真4-15 0歳児の玩具棚(2)
——手づくり玩具を中心に

このように何があるかが分かりやすく，手を伸ばしやすいように環境が整えられることにより，子どもが自ら手にして，触れ，色や形，手触

りから素材の違いを感じ取ることになる。木製の玩具，布製の玩具，プラスチック製の玩具等様々な素材のものを準備することが大切である。そして，子どものものへの関わりに対して，「きれいな音がなったね」「黄色が素敵だね」「柔らかな人形だね」等保育者が応答的に関わることで，子どもは自分が体験していることの意味を知り，さらにアクティブにモノや人と関わることに挑戦するのである。

2）じっくりと関わりたくなるような
　　環境と保育内容（①②④）

　乳児にとっては，モノと関わる際に，じっくりと関わる空間や関わりを確認するだけの玩具の数が必要になる。写真4-16は乳児がつかまり立ちをしながら，モノと関わる環境をつくっている。また，目の高さでつまんだり，引っ張ったり，モノを操作することができることは指先をよく見て操作する協応性を育むことを支えることになる。様々な動きが可能になるような環境を意図的に構成することも大切である。

　また，じっくりとモノと関わるスペースを大切にするために，写真4-17のようなサークルを用いて「静の遊びの空間」を構成する工夫も大切となる。

写真4-16　立って遊ぶ空間

写真4-17　静の遊びを保障する空間

3）保育者と共に経験を豊かにする
　　環境と保育内容（②③④）

　また，何よりも子どもの遊びの経験を豊かにするには，保育者が応答的に関わることである。写真4-18は，繰り返し同じ遊びをする子どもの姿である。ここには，やりたい気持ちを受け止め，応答的に関わる保育者がいるからこそ遊び込むことができるのである。同様に絵本を共に眺め，繰り返しの言葉，同じリズムでフレーズを楽しむこと等も大切な関わりである。

写真4-18　保育者と一緒に取り組む遊び

第4章 身近な環境との関わりに関する領域「環境」

②1歳以上3歳未満児の保育における内容

　1歳児になると自力での歩行が可能になり行動範囲が広がるが、モノや状況に身体を合わせて動かすことやバランスをとることが未熟であるために、まずは、空間の確保、玩具や絵本等の活動場所を、子どもや保育者が生活する上で動いていく動線を考えて、安全の確保を第一にした環境を構成することが重要である。また、興味・関心が強くなると、なめたり、口に入れたりして確認をすることも残っている時期であるために、小さなもの、口に入れると害となるもの等を排除し、禁止や指示の言葉がけが少ない中で自由に探索ができる環境を構成する必要がある。また、2歳児は、様々な自立が進み、自分でやってみたい、やりたいという気持ちが強くなる時期である。しかし、まだ甘えも残っている時期であり、困ったときには保育者を求め、慰めてもらったり、助けてもらったりしながら自分の世界を広げていく特性がある。このように好奇心や探究心が旺盛であることを理解し、また、自分でやりたい気持ちも受け止めて、安全でかつ、信頼関係のある保育者の下、安心して探索する環境を整えることが大切である。

1）自分でやってみたい気持ちを大切にする保育内容（①②）

　行動範囲が広がるとともに、好奇心・探究心が高まり、自分でやってみたい気持ちが芽生える時期であるため、その気持を受け止めつつ、生活や遊びを援助する必要がある。ときに子ども一人の力で成し遂げることがむずかしいと思われても、挑戦し、納得がいくまで遊び込む経験を大切にしたい時期である。写真4-19、写真4-20は、2・3歳児のはさみ遊びの様子である。はさみを開き、切るという「一太刀切り」の経験を重ねる中で、道具の

写真4-19　はさみ遊び

写真4-20　切ってみようとする姿

使い方を知り，はさみで切れた，できたという達成感をもつことが大切になる遊びである。素材には細いマスキングテープを使い，切ることを実感しやすくする工夫や，はさみが上手く使えなくてもちぎることができる，こうした繰り返し挑戦してみたくなる環境が用意されることが大切である。

2）モノと関わりながらモノの性質や特性に気付く保育内容（②③）

　移動運動の獲得・定着と共に，手や指も巧みに使えるようになるこの時期には，子どもの周囲の環境に積極的に関わり，挑戦したり，自分の力で操作したり，試したりすることが多くなる。その行為が繰り返されることで，好奇心や探究心もさらに高まることにつながる。そのため，幼児がじっくり，繰り返しモノと関わり，モノ性質や特性，仕組み等に気付く環境を構成する必要がある。写真4-21，写真4-22は，モノとの関わりを保障するための保育環境である。指先を使う積み木等も形や大きさ，色の違うものをそろえ，遊びながら大きさの違い，色の違い等に気付いたり，並べたり，積み上げたりすることでどうしたらきれいに並べるのか，どうしたら高く積み上げられるのか等のモノの仕組みを知ることになる。加えて，写真4-23は，絵本の表紙が見えやすく，取り出しやすい絵本棚である。自分で選び，手に取ることは，絵本への関わりの第一歩として重要なことである。こうしたモノへの気付きは，保育者から教えられるのではなく，子ども自身が獲得していけるように玩具の種類や数等も十分に配慮した上で，一人で取り組めるスペースと時間が準備される必要がある。また，何よりもその子どもの取り組みを温かなまなざしで見守り，必要に応じた応答的な保育者の関わりが充実した遊びと豊かな時間をつくり出すことになる。

写真4-21　様々な種類の積み木

写真4-22　同じ玩具を複数そろえる

第4章　身近な環境との関わりに関する領域「環境」

写真4-23　絵本の内容が分かる棚　　　写真4-24（左）　写真4-25（右）　試して遊ぶ

　また，写真4-24，写真4-25は，N市にある私立保育園でのブロックで遊ぶ1歳児の姿である。ゆったりした空間の中で，ブロックをつないで積み上げることを楽しんだり，保育者がつくってくれたもの（車）を手にして走らせる遊び方を試行錯誤したりする姿がある。こうした自分で確かめる，自分の思いで遊び切るという経験が必要な時期でもある。

3）関わりながら自他の区別や所有・所属に気付く保育内容（①③④）
　子どもはモノや他者とじっくり関わり自分の世界で遊び込むことにより，自分が自分であること，つまり「自我」が芽生える。その中で，自分の好きなモノ，自分が遊んでいるモノへの愛着も芽生え，自分のモノを渡したくない気持ちが高まり，ときに他児との気持ちのぶつかり合いも経験する。
　また，ここで遊びたいというお気に入りの場所や自分のクラス，自分の先生というような所有・所属意識も芽生えてくる時期でもある。
　写真4-26はM短期大学の子育て支援センターでのひとこまで，大

写真4-26　一緒だけど違う私たち　　　写真4-27　大好きな先生と一緒に過ごす場所

好きな友達と，それぞれが同じモノで遊ぶ姿である。同じことが嬉しいという気持ちがある一方，自分のモノ，自分のモノではないけれども自分のモノにしたいという葛藤も経験する。また，写真4-27はS市の私立S保育園でのひとこまで，大好きなクラス担任の先生との集まりの様子である。先生のお話を聞くときにはこのマットの上で聴く，そして，歌をうたったり，手遊びを楽しむ経験を重ねる中で，この場所に来るとどのようなことが進むのかを知り，期待して過ごせるようになる。

こうした経験の中で積み重ねることで，モノとの関わりを大切にすること，生活の場所に意味があること等にも気付いていくことになる。

4）自然や社会的事象に関心をもつ保育内容（⑤⑥）

子どもの生活する環境の中に，自然を感じられるモノとして，天候や気候の変化があり，それらを通して自然に畏敬の念をもつこと，また，植物の栽培・収穫活動等を通して自然の恵みを知り，改めて自然という偉大な存在を意識することになる。M市にあるS幼稚園では，6月の中旬になると，園内の樹木に実がなり，木の実の収穫が行われる。写真4-28のように5歳児が梅の実を採ると，その姿を見て，写真4-29のように，梅の木の横の小さな杏の木になっている実を採ろうと果敢にチャレンジする3歳児の姿も見られた。この活動では，自然に関心を寄せるだけでなく，どのようにすると高いところにある実を採ることができるか，自ら考えて，取り組んでいる姿も読み取ることができる。大人の価値観でとらえると，むずかしいことは分かっているが，自分で取り組み，理解していく過程を大切に見守っている実践であると考えられる。

写真4-28　5歳児の梅の実採り　　写真4-29　3歳児の杏の実を採る挑戦

また，子どもたちは，生活の中で様々な昆虫や動物に出会う。そしてその生き物に楽しんで関わる子どももいれば，臆してしまう子どももいる。

第4章 身近な環境との関わりに関する領域「環境」

写真4-30 トンボの観察

　それぞれの関心に応じながら、見たり、触ったりして、生き物の特性に気付いたり、命の尊さに気付く。写真4-30はS市にある私立T保育園の事例で、ある5歳児が捕まえたトンボである。「ここをもつとトンボは死なないし、羽がよく見えるよ。羽は透明でしょ」とトンボの命を大切にしながら、2歳児に誇らしげに説明をしている姿があった。2歳児も5歳児の手元をのぞき込むと同時に、「こわくないの？」というような表情で5歳児の表情をうかがっていた。子どもは信頼できる保育者と共に、ときには、年長の子どもの姿に憧れをもって、身近な生き物に関わり、親しみをもったり、愛情をもって関わったりすることを学んだ実践であると考えられる。

③3歳以上児の保育における内容

　3歳以上児の保育内容については、上述したように、保育所・幼保連携型こども園・幼稚園において、共通の内容となっている。ここで示される記載の順序と子どもの育ちの順とは無関係であり、幼児期の3年間に経験することが望ましい事柄が示されている。また、ある年齢までに経験させなくてはならないという考え方ではなく、3年間の生活と遊びの中に意味づけられるものであり、3年間が修了したときにすべての内容が経験できているように保育を営む必要があるとされている。3歳以上児の保育に記載される12の事柄について、以下、様々な環境に出会い挑戦する保育内容、自然との関わりの中で遊び込む保育内容、モノとの出会いの中で遊び込む保育内容、生活の中にある数量や文字、図形や標識に関心をもつ保育内容、自然・動植物や社会的事象との関わりの中で遊ぶ保育内容の5つの視点から記述することとしたい。

1）様々な環境に出会い挑戦する保育内容（①〜⑫）

　信頼できる大人や保育者の下、自分の興味・関心に基づいた生活や遊びを繰り広げてきた3歳以上の子どもは、身近な環境をより親しみをもって、より主体的に環境に関わるようになる。そして、それらに心を動かされ自分の生活や遊びの中にそれらを取り入れ、育っていこうとする姿が見られる。環境への関わりを通して、新たなる発見をしたり、もっ

とおもしろくするにはどうしたらよいかを考えたりして，生活や遊びを充実した豊かなものにしていく。子どもは，様々な環境に出会う中で，気付いたり，発見したり，不思議に思ったり，何事にも繰り返し関わったりする態度を育んでいく。そのため，保育者は，子どもたちが関わってみたい，挑戦してみたいという環境を，意図的に，計画的に構成していくことが大切である。3歳以上児の保育の内容には，子どもの主体的な環境との関わり，挑戦し，生活や遊びを楽しく，豊かなものにしようとする心情・意欲・態度を育むことを大切にしている。

2）自然との関わりの中で遊び込む保育内容（①③④⑤）

　自然の中で遊び，全身で感じ取る体験は，子どもにとっては大きな意味がある。人間の力ではつくり出すことができない，自然の美しさ，不思議さに出会い，心を動かすことは，自然に畏敬の念をもつことはもちろんのこと，科学的なものの見方や考え方の基礎を培うことになる。テレビやビデオ等での間接的な体験が多くなっている昨今においては，直接的な体験を保障することが大切であると考えられている。

　写真4-31は，M市にある私立S幼稚園での泥に向き合う3歳児の女児の姿である。保育者や年長の仲間の温かなまなざしの中，泥に向き合い，どうにか泥をつかみたいと何度も繰り返し挑戦している様子がうかがえる。じっくり取り組める時間の中で，土や水の感覚を楽しみながら，自分の思いを遂げようとする姿ではないだろうか。また，写真4-32，写真4-33は，同園園庭での遊びを終えるときの4歳児の姿である。

写真4-31
泥遊び

写真4-32（上）　写真4-33（下）
足洗い場

写真4-34
太陽光での靴の乾燥

第4章 身近な環境との関わりに関する領域「環境」

足洗い場で足と靴を洗い，写真4-34のように濡れた靴を園庭の真ん中にある木に干している場面である。生活を通して，衛生に関心を向けること，また，自分たちで使った道具を片づけること，汚したものは自分で洗い，乾かすという一連の行為を成し遂げるまでに至っている。まさに，生活の中で，生きる力を育んでいる実践であると考えられる。

3）モノとの出会いの中で遊び込む保育内容（②⑦⑧）

　子どもは身近なものと，触れるという直接的・具体的な体験を通して，その性質や仕組みに気付き，遊びの中に取り入れ，それらを使いこなして遊び込むようになる。遊び込むことでさらにモノの新しい一面に気付き，より深い理解をしていくことになる。また，仲間と一緒に共にモノに関わることで，子どもなりに友達のアイディアに気付いたり，遊ぶ姿に新たなる発見をしたり，互いに触発され，多様性の中で切磋琢磨し育つ，遊びが深まるといった姿も見られる。こうした姿は集団生活だからこそ見られる育ち合いであり，子どもの同士のつながりを紡いでいくことも保育者の一つの役割になる。また，子どもは遊びの中で，モノを大切に使うことや，遊びに合わせてモノ（玩具や道具，素材）を選ぶこと，そのモノの使い方を工夫すること等を学んでいく。そのため，様々な玩具や道具，素材を準備し，子どもたちがじっくり関わり，試行錯誤する場所と時間を保障することも大切である。

写真4-35　水と関わり遊ぶ

　写真4-35は，5歳児が水と関わる遊びをしているひとこまである。砂場の遊びで使おうとしていた竹を洗いにいったところ，偶然，水が竹の両端に流れることに気付いた。はじめは洗うことが目的であったため，水量は多く，弾き飛ぶ水滴の量が多く，竹を伝わって流れる水は少なかった。しかし，竹を伝わり，水が流れることにおもしろさを感じた子どもが，弾き飛ぶ水を蛇口からでる水量を調整することで少なくし，竹を置く位置等もバランスをとり，試行錯誤を繰り返して水が2つの方向に分かれてきれいに流れるように工夫をした遊びである。友達が一緒にその様子を見つめ，「すごい」「おもしろい」という素直な気持ちを表現したことも励みになり，自分の納得のいくまで遊び込んだと思われる。この遊びの中には水の性質，水の流れ方の特性等に気付き，さら

におもしろくするために試行錯誤したところに科学の見方や考え方の芽生えが感じ取ることができる。名前なき遊びであるが，子どもにとっては，大切な経験である。偶然性から始まった遊びであるが，遊び込むだけのしっかりした時間と共に取り組んでくれる仲間がいたからこそ豊かな経験となった実践であると考えられる。

4）生活の中にある数量や文字，図形や標識に関心をもつ保育内容（⑨⑩）

　子どもは生活や遊びの中では，様々なモノの形や大きさ，色に出会いながら過ごしている。ときに，数の多寡や形の大小，モノの高低に気付きそれを比べたり，様々な形や色のモノを組み合わせたりして，新しい遊びをつくり出すこともある。数量や形に出会い，それらを遊びの中に取り入れることで，探究心が高まり，遊びがさらに広がり，深まることもある。また，生活の中で必要な標識や文字にも気付くと，それを使い伝え合うことの楽しさ，便利さに気付き，進んで遊びの中に取り入れようとする姿が見られるようになる。こうした関心は，幼児期には教えられて知識として学ぶのではなく，子どもの必要に応じて自らが生活や遊びの中に取り入れようとする姿を支えることが大切であると考えられている。遊びの中で，モノの観察から始まり，形や色の分類をする中で，その数を数えたり，大きさに気付いたりする経験を積み重ねていくことが大切である。あわせて，当番活動やグループ活動等を通して，友達の人数に気付き，その数を数えたり，それに合わせてものを準備したりするというような経験もしていくことがある。

　写真4-36，写真4-37は，形を分類した遊びをしていたときの様子である。写真4-36は砂場で使う「型はめの玩具」を仲間で集め，並べるという遊びから始まった。分類する中で，「海にいるもの」「同じ形，

写真4-36　分類遊びから水族館遊びへ

写真4-37　分類遊びから調べ遊びに取り込む

第4章 身近な環境との関わりに関する領域「環境」

同じ種類のもの」というカテゴリーにも気付き，そこから水族館ごっこへと発展した実践である。また，写真4-37は，秋に近隣散策で行った公園で集めたどんぐりを形別に集め，その違いや遊び方を図鑑で調べる活動をした実践である。季節を感じ，自然の恵みに気付く，遊びの中に取り入れるきっかけをつくった活動である。

5）自然・動植物や社会的事象との関わりの中で遊ぶ保育内容（⑥⑨⑪⑫）

子どものたちの生活の中で，様々な情報に触れていく。テレビやラジオ，DVD等視聴覚機材をもとに，社会で起きていること等を身近な問題としてとらえ，遊びの中に取り入れていくことがある。その情報の多寡はそれぞれであるが，大きな自然現象・社会事象等は，子どもの生活する施設・機関でも意図的にとりあげ，遊びの中にとりあげていくことが大切である。遊びの中で，身近な問題をして自然現象や社会事象をとらえることで，さらにそれらへの関心を高めることにもなる。写真4-38は，金冠日食があったときに，園で日食を観察し，遊びに広がったY市の私立J保育園の実践である。当日までの事前に金冠日食とは何か，具体的にどのようなことが起こるのかを調べ，心を躍らせて当日を迎えた。朝から始まった天体ショーを体験し，宇宙への関心が強く広がり，宇宙をつくろうという遊びへ展開した実践である。写真4-38は金冠日食の様子を調べて壁一面に分かったことを示したものである。

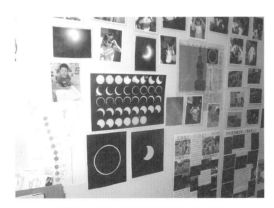

写真4-38　金冠日食に関する掲示

写真4-39（上）　写真4-40（下）　宇宙空間づくり

その後，写真4-39，写真4-40は，子どもたちより，宇宙はどのようになっているか，どのようにしたら宇宙に行けるか等の話題が上がり，保育室中に小さな宇宙をつくることになった実践である。絵の具で惑星や小さな星を描いてみたり，張り子のお面づくりの経験を生かして惑

星をつくったりしている様子がある。このようにして，子どもは宇宙という偉大な自然の存在を感じ取り，遊びに取り入れ，知識も得ようと挑戦をしている実践であると考えられる。身近なところで起こっている社会事象についても関心を高めることがある。写真4-41，写真4-42は，身近な情報としてとりあげられていた，K市の私立N幼稚園のオリンピックと関連付けられた活動である。オリンピックの誘致が決まったことで，マスコミの影響もあいまって世の中がその情報でいっぱいになっていたとき，子どもたちの生活の中でもオリンピックの話が聞こえるようになった。そこで，子どもたちとオリンピックと誘致について調べ，日本での開催を喜ぶことが増えてきた。そのとき，身体をのびのびと気持ちよく活動するという内容だけでなく，その関心を運動会に取り入れてみようとする活動

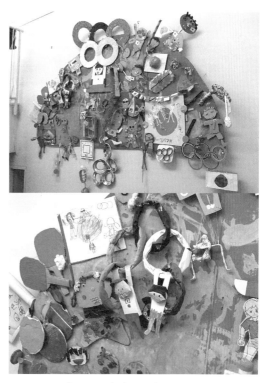

写真4-41（上）　写真4-42（下）
運動会の入退場門

が広がった。運動会の入退場門をどうするかを考える時期と重なったため，入退場門の飾りにオリンピックを意識したものを取り入れようと挑戦した実践である。オリンピックマークがかたどられるだけでなく，オリンピック競技に挑戦する選手の姿や競技に使う道具等も表現されている。こうした様子から，子どもの，社会事象をもしっかりとキャッチして，遊びに取り入れようとする姿があることが分かる。さらに，Y市私

写真4-43　オリンピックと国旗の本

写真4-44　地球儀と国旗図鑑

91

第4章 身近な環境との関わりに関する領域「環境」

立J保育園の実践になるが,写真4-43,写真4-44のように身近な社会事象から,地球全体つまり世界を感じられるような環境を構成し地球儀に触れたり,国旗に触れたりしながら,世界の国々に関心をもつようになった実践であると考えられる。

第4節 保育内容の領域「環境」における「内容の取扱い」

　乳幼児期に育てたい資質・能力が生活と遊びの中で育まれるように,各領域に保育の「ねらい」が示され,「内容」はそのねらいを達成されるよう,子どもが環境に主体的に関わって展開する具体的な活動を示したものとして示されている。また,「内容の取扱い」として子どもの活動を支えるものとして,保育者が保育の展開の中で留意する事項が掲げられている。保育者は子どもの連続した発達を踏まえ,生活と遊びの一体性の中で,育てられるように心がけることが大切になる。

1 乳児保育における「内容の取扱い」

　乳児の保育を営むに当たっては,2つの視点で留意点が示されている。以下,要約してその留意点を記載する。①子どもの発達状況をとらえた玩具(音質・形・色・大きさ)をそろえ,安全な環境のもと十分な探索活動ができるように心がけること,②子どもの意欲的な姿を表情,発声,身体の動きから積極的に受け止めて,応答的に関わることを通して,表現が豊かになるようにすること,が挙げられている。

2 1歳以上3歳未満児における「内容の取扱い」

　1歳以上3歳未満児における保育を営むに当たっては,以下の視点で留意点が示されている。以下,要約してその留意点を記載する。①乳児期の玩具との関わりの中で育つ感性を踏まえ,しっかりと遊び込める玩具を選び,感覚の発達を促すようにすること,②子どもが思わず手を伸ばしたくなるような身近な生き物と関われる環境を整え,その中で命を感じ,その尊さに気付けるように丁寧に繰り返し関わること,③園内外の生活の中に,地域やその文化を感じることができる経験を取り入れ,地域と子どもをつなぎ,地域の中で育つ喜びが味わえるようにすること,

という３つの視点が挙げられている。

3　3歳以上児における「内容の取扱い」

　3歳以上児の保育を営むに当たって，以下の視点に留意することが示されている。①周囲と関わり気付くこと，考えること，また，新しい考えを生み出しよりよいものにしようとすること等に楽しさを味わう，②自然と直接触れ合う体験を通して，自然の摂理にも気付き，心情や思考力，表現力が育まれるように配慮すること，③身近な動植物に触れ，生命を尊重し，自然に畏敬の念をもつように配慮すること，④日本の文化や伝統に触れ，それらを親しみ，誇りをもつとともに，同時に，異なる文化に出会い，国際理解の意識が芽生えるような感性を育むこと，⑤日常生活の中で，子ども自身が必要に感じる体験を通して，数量や文字の感覚を養うようにする，という５つの視点が挙げられている。

第4章 身近な環境との関わりに関する領域「環境」

① 就学前の教育・保育施設において，保育内容の領域「環境」で育まれることが望まれる力とはどのようなことか，ねらいに書かれていることに基づき，簡単に述べよう。

② 乳児保育において，子どもの発達に応じた保育を考えたとき，保育内容の領域「環境」で取り扱う内容にはどのようなものがあり，どのように指導するのか，また，その中で経験することとはどのようなことかを，具体例（遊びや生活の様子）を挙げながら述べよう。

③ 1歳以上児から3歳未満児の保育において，子どもの発達に応じた保育を考えたとき，保育内容の領域「環境」で取り扱う内容にはどのようなものがあり，どのように指導するのか，また，その中で経験することとはどのようなことかを，具体例（遊びや生活の様子）を挙げながら述べよう。

④ 3歳以上児の保育において，子どもの発達に応じた保育を考えたとき，保育内容の領域「環境」で取り扱う内容にはどのようなものがあり，どのように指導するのか，また，その中で経験することとはどのようなことかを，具体例（遊びや生活の様子）を挙げながら述べよう。

引用文献

- 林牧子「遊びを支えるものとしての保育者」小山高正ほか編『遊びの保育発達学——遊び研究の今，そして未来に向けて』川島書店，2014 年
- レディ，V『驚くべき乳幼児の心の世界——「二人称的アプローチ」から見えてくること』佐伯胖訳，ミネルヴァ書房，2015 年
- 若月芳浩編著『環境の指導法（保育・幼児教育シリーズ）』玉川大学出版部，2014 年
- 中坪史典「子どもの主体的な遊びの特徴とそれが引き出される背景」発達 38（150），2017 年，12-17 頁
- 厚生労働省「保育所保育指針」2017（平成 29）年告示
- 厚生労働省「保育所保育指針解説」2018（平成 30）年
- 文部科学省「幼稚園教育要領」2017（平成 29）年告示
- 文部科学省「幼稚園教育要領解説」2018（平成 30）年
- 内閣府・文部科学省・厚生労働省「幼保連携型認定こども園教育・保育要領」2017（平成 29）年告示
- 内閣府・文部科学省・厚生労働省「幼保連携型認定こども園教育・保育要領解説」2018（平成 30）年

参考図書

- ◎ 秋田喜代美監編著『秋田喜代美の写真で語る保育の環境づくり』ひかりのくに，2016 年
- ◎ 遠藤利彦『赤ちゃんの発達とアタッチメント——乳児保育で大切にしたいこと』ひとなる書房，2017 年
- ◎ 高山静子『学びを支える保育環境づくり——幼稚園・保育園・認定こども園の環境構成』小学館，2017 年

第5章 言葉の獲得に関する領域「言葉」

本章は，領域「言葉」について，次の3つの節に分けて解説する。
第1節は，身近な人との関わりを通して育つ言葉として，言葉が育つ背景となる身近な人との信頼関係の築き，言葉が果たす役割，遊びの中で育つ言葉の側面から考える。
第2節は，絵本や物語を通して育つ言葉として，絵本や物語との出合い，遊びへのかけはしとなる絵本や物語の側面について，事例を通して考える。
第3節は，文字等で伝える経験として，園生活における文字の取り扱いについて，「幼稚園教育要領」「保育所保育指針」「幼保連携型認定こども園教育・保育要領」で確認し，遊びの中で文字を使うことについて，具体的な事例を通して考える。
領域「言葉」の目標は，「経験したことや考えたことなどを自分なりの言葉で表現し，相手の話す言葉を聞こうとする意欲や態度を育て，言葉に対する感覚や言葉で表現する力を養う」ことにある。

第1節 身近な人との関わりを通して育つ言葉

1 言葉が育つ背景

　子どもにとって言葉の先生は，母親であるといわれている。生まれたばかりの赤ちゃんは，泣き声は発しても当然言葉は話さない。しかし，赤ちゃんを取り囲む大人たちは，愛情に満ちた温かい言葉をかけ，やさしいまなざしは，よい雰囲気となって赤ちゃんを取り巻いている。言葉をかけることで見せる赤ちゃんの反応は，会話と同等の意味をもつと大人たちは心得ているのである。

　胎児期から新生児期にかけては，視覚よりも聴覚が先に発達しており，赤ちゃんと過ごす時間の長い母親の声を，赤ちゃんは聞き分けているという。その母親の話す言葉がモデルとなって，子どもが言葉を身に付けていく過程は，容易にうなずける。子どもにとって言葉の先生は母親であるといわれるゆえんである。そして，保育者もまた長く子どもの近くにいる者として，子どもの言葉の育ちに大きく関わっていることを自覚したい。

第5章 言葉の獲得に関する領域「言葉」

　赤ちゃんから始まる生活の中で，食事，排泄，睡眠，遊びをはじめ，大人はごく当たり前に子どもに言葉をかけている。「おなかがすいたね。おっぱい飲みましょうね」「おしっこが出てすっきりしたね」「眠くなったかな」「○○ちゃん」等の呼びかけを繰り返しながら，子どもの身近にいる大人はコミュニケーションを取り，子どもとの間に愛着関係，信頼関係を築いていく。また，言葉の土着性といわれるように，その土地（地域）や家庭特有の表現やイントネーションも身に付けていく。

　日々の生活を積み重ねることで，その子どもの興味や関心を理解し，身近な大人が子どもの思いを代わりに言葉にすること（代弁）によって，子どもは言葉を覚えていくのである。

2 言葉の役割

　言葉が果たす役割について，横山（1979, 1994），小田・芦田（2009）の分類から次の5つの側面が考えられる。

①コミュニケーションの手段としての言葉

　すでに記したように，言葉は，赤ちゃんの時代から人と人をつなぐコミュニケーションの役割をもっている。そして，「まんま」に代表されるような初めての言葉を発し，名前を呼びかけられて手を上げる動作を覚える等，人との「やりとり」を身に付けていく。赤ちゃんが言葉を発する以前から身近にいる人たちが話しかけることは，子どもの言葉の育ちにとって大きな意味をもつ。

②認知の手段としての言葉

　やがて，身の周りにあるものと名称が結びつくと，実際には目に見えていないものも言葉によって認知できるようになっていく。見立て遊びのように，子どもが「あるつもり」になって遊べるのは，認知の力が大きい。そして，具体的なものだけでなく，抽象的な事柄も言葉でイメージできるようになると，遊びの幅が大きく広がっていく。外山（2004）は，抽象的な概念を理解するのに有効な方法として，夜，暗がりの中で語られるおとぎ話や昔話を挙げている。

③行動をコントロールする手段としての言葉

　園で外靴から上靴にはき替えるような場合に，「靴はくんだよね」と

言いながら靴をはき替える姿がみられる。自分のすべきことを言葉に出すことで，確認しながら行動しているといえる。つまり，まだ十分に身に付いていないことを身近な人から教えられ，言葉に出すことで行動をコントロールしているのである。

④自己表現の手段としての言葉

子どもは，話せるようになる以前からすでに芽生えている感情や思い，欲求を，身近な大人の代弁を通して言葉として身に付けていく。そのような経験から，自分の思いや考えを言葉で相手に伝えていくことを学んでいるのである。

⑤自我の形成と言葉

自分が何者であるのかは，生きていく上で大事な問いである。名前，所属は，自分を表すものであり，他者も同様であることを生活の中で気付いていく。自分について話すことと，相手について聞くことが一体となって，自分と他者の区別を形成していくのも言葉なのである。

以上，見てきたように，身近な人との関わりが，言葉の育ちに大きな意味をもつことに気付かされる。

3 遊びの中で育つ言葉

①言葉を発する以前

言葉を話す以前の赤ちゃんは，大人からの言葉のなげかけやあやす行為等に反応し，言葉によらないコミュニケーションをとっている。「いないいないばあ」や，ものを受け取っては落とすのを繰り返す等，子どもの体の動きと大人の言葉が一体となって，身近な人との関わりそのものが遊びであり，言葉を育てることにつながっているといえる。

②仲間との関わり

大人とのやりとりが主だった子どもたちも，成長と共に友達との関わりに魅力を感じるようになっていく。子どもたちは，友達とどのような関わりをしながら遊びを発展させているのか，事例を通して考察する。

第5章 言葉の獲得に関する領域「言葉」

事例1 生活体験の再現

　年長女児が1学期に空き箱等を利用してつくった食べ物，ままごと用の靴や鞄，絵本等を棚に並べていた。いろいろな種類の品物が並んでいるため，何屋さんか尋ねると，「〇〇屋さん」ではなく「コストコ（アメリカの会員制大型倉庫店）ごっこ」との答えが返ってきた。その後，看板，会員証，お金等をつくり，お客さんに向けて，買い物袋はお客さんが自分でもってくるように伝え，レジへの並び方等を指示していた。

▶考　察

　アメリカの大型スーパーは，食料品に限らず何でもそろう。また，レジでは会員証を見せて会計をする。日本のように，レジ袋に品物を入れてはくれない。そのような特徴が見事に遊びで再現されている。

　遊びの時間でのお店屋さんごっこであるので，お客さんはまばらにやってくる。お客さんとのやりとりはあるが，スーパーのシステムを共有するため，お店屋さん同士の打ち合わせが念入りに行われ，それぞれの担当は時間制で交代していた。

　全員がこの大型スーパーに行ったことがあるわけではないことから，このシステムについて友達に的確な説明をすることでイメージの共有をし，遊びの展開に大きな役割を果たしている子どもの存在があった。聞いている子どもたちも，説明された内容を理解することによって，この遊びが成立していることが分かる。話し手は言葉で表現し，相手に伝え，聞き手も話を聞き，理解しているのである。

事例2 イメージからストーリーへ

　3学期，個々に制作をしていた年長女児3名が，一人は「ケーキ」，もう一人は「飾り物」，もう一人は「温泉」をつくっていた。同じ場所でつくっていたため，おしゃべりをしながらの

写真5-1　思い思いに制作に取り組む

作業になった。初めは，各自のつくりたいものをつくっているだけであったのだが，いつのまにかそれぞれがつくっていたものを使うアイディア

が組み合わさって,「足湯に入ってケーキを食べ,飾り物を抽選でプレゼントとしてもらえる女子会」という設定になった。各自の制作が済むと,チケットづくりが始まった。女子会に,友達や先生を招待するためである。

▶考　察

　制作するコーナーに,個々に集まってきた子どもたちであった。つくるのに必要な材料を自分で見つけ,足りなければ保育者に伝えて出してもらう。各自で自由につくっていたものが形になっていくにつれ,友達がつくっているものにも関心をもち始めた。「何つくってるの?」「ケーキ」「○○ちゃんは?」という具合に話しているうちに,互いのもち物を合わせると,ストーリーになりそうであると気付いたのであろう。3人の気持ちが同じ方向に向かい,次々とアイディアがわいてきて,イメージが広がるのを自分たち自身が楽しんでいる様子であった。

事例3　それぞれの「遊びたい」

　3歳児秋,園庭の隅にあるスペースで組み木を使って数人が家をつくり始めた。土台づくりには保育者も関わり,組み立ては子どもたちが思い思いに積み上げていき,ぐらつきがあるような場合には,まっすぐに積むことを助言した。子どもたちは,どのようにすればよいのか,材料を運びなから相談して組み立てていた。屋根をつけたい要望には,保育者がシートをかけて対応した。

　組み立ての最中に意見がまとまらずに中断した際,Sは「ぼく,向こうでつくるね」と言って,園庭の中央のほうへ組み木を移動し,一人でつくり始めた。けんかや意見のぶつかり合いがあったわけではないので,中断していた子どもたちもSの移動については特別な反応はせず,自分たちもつくることを続けた。

▶考　察

　子どもが数人寄れば,イメージを共有して協力することができる。一方で,なかなか意見がまとまらずに遊びが中断してしまうこともある。この子どもたちは,家のドアや窓の位置をどうしたらよいか試行錯誤しながら,中断してもなんとか家づくりを続けようとする姿があった。

　そのような中,早く家の中に入って遊びたい気持ちが強かったSは,自分の意見を押し通すわけでもなく,「ぼく,向こうでつくるね」と仲間に告げて,次の手段として場所を移して家づくりを始めた。Sが抜け

第5章 言葉の獲得に関する領域「言葉」

ても家づくりは継続されており，子どもたちにとっては遊びの一場面にすぎなかったが，Sの状況判断能力と，言葉で仲間に伝えてから行動する配慮があったために，トラブルにならなかったのではないかと考える。

片づけの時間になると，Sの家は片づけなければならず，子どもたちの家は残しておくことができ，それぞれが満足する時間となった。

写真5-2　相談しながら家づくり

写真5-3　場所を変えて一人でつくる

4　まとめ

子どもたちは，毎日真剣に遊んでいる。自分の思いを相手に分かってもらえることでイメージを共有し，相手の思いを理解することで遊びが継続し，発展していく。ときには思いがすれ違い，折り合いのつかないことも経験しながら，仲間との信頼関係を築いていく。

赤ちゃんの頃には大人とのやりとりが中心であった子どもたちが，友達との関わりを通して，言葉だけでなく，社会性も身に付けていくのである。

第2節　絵本や物語を通して育つ言葉

1　絵本や物語との出合い

①赤ちゃんから始まる絵本体験

子どもたちは，育つ過程において多くの絵本や物語との出合いを経験している。主たる出合いの場は家庭であろう。絵本や物語は，身近にいる大人が声に出して読み聞かせてあげるものであってほしい。なぜなら

ば，子どもは大好きな人と一緒に，絵本や物語の世界で様々な体験をするからである。楽しい話だけでなく，どきどきわくわくする冒険や，ときには怖い話も，安心できる人の声と温もりを通してこそ，関心をもって，見て聞くことができるものである。それは，絵本体験といって，人として成長していく上で欠かせない情感や想像力，創造力を育み，目に入る絵や聞こえてくる言葉が，読んでくれた人の声や表情，匂い等，その人のたたずまいと合わせて体の中に取り込まれていく。その絵本体験は，成長につれて忘れてしまうことがあっても，身近な人の思い出を伴って深層の中で生き，人の生き方を支えていくことにもつながっていくといわれている。

　それでは，いつから絵本を読み，物語を語るのであろうか。松居直は赤ちゃんが出合う絵本について「赤ちゃんの言葉の体験を，よりいっそう深めるための視覚的な素材」と述べている。第1節において，言葉は，赤ちゃんのころから身近な人との応答によって育つことはすでに述べた。つまり，「いつから絵本を読むのか」ではなく，赤ちゃんのいる場には，絵本は「ある」とするのが望ましい。絵本は，赤ちゃんと養育者の間において，言葉だけでなく，それ以上のものをも育んでいる。そこで，子どもにふさわしい絵本の選び方を保護者に示唆するのも，保育者の役割の一つになるといえる。

②園生活の入り口で

　絵本は，もともと家庭の中で読むものとして始まっている。したがって，小さい子どもが手に取れる大きさであり，重さである。

　入園まもない保育室には，子どもたちが安心できる場所となるように，家庭でも馴染みのあるおもちゃを置く等して保育者は環境を整える。絵本も子どもたちが手に取りやすいように並べられている。緊張しながらも周囲を見回し，積み木，電車，パズル等で遊び始める子どもがいる。その子どもたちが手にするものの一つが絵本である。

事例4 特別な一冊

　入園直後，3歳児Aは母子分離がむずかしく，母親と一緒に保育室に入っていた。園ではまだ自分から話さない時期であったが，家では母親に「『ふうせんねこ』ちゃんを読んだら帰っていい」と話していたそうで，Aの身支度が整うと母親は『ふうせんねこ』を読み，帰っていった。読み終わると，Aも納得して離れられる。毎日繰り返すうちに，母親はA

第5章 言葉の獲得に関する領域「言葉」

に読んでいるのだが，自然と子どもたちが回りに集まるようになり，子どもたちは毎朝Aと一緒に絵本を読んでもらって聞くようになった。母親が帰ると読み手が保育者に代わったり，子ども同士で絵本を手にしながら話す姿が見られるようになる等，「絵本と触れ合う場」が定着した。

1学期後半には，絵本の貸し出しが始まり，自分の借りた絵本をクラスで友達に紹介する時間をもった。その際にAが毎週借りたのは『ふうせんねこ』であった。

写真5-4　保育室で絵本を手にする

写真5-5　借りた絵本をみんなに紹介

▶考　察

Aにとって『ふうせんねこ』は，絵本であると同時に，母親につながる安心できる媒体であることが分かる。繰り返し読んでもらっているため，絵も言葉も十分に分かっていて，なおAは『ふうせんねこ』を求めている。何に魅せられるかは，それぞれの子どもと絵本との関係であるが，繰り返し読みたくなる力を絵本自体がもっていることに気付く。

また，母親はAに読んでいながらほかの子どもたちにも安心感をもたらしている。母親が我が子だけでなく，ほかの子どもたちをも受け入れる雰囲気をもってくれて，絵本を介して，子どもたちが園にいる安心感を見つけている。やがて読み手が保育者に代わっても，その安心感は継続し，保育者への信頼感にもつながっていく。

1学期末になり，Aが通常に園生活を送れるようになっても，園から借りていく絵本は『ふうせんねこ』であった。推察すると，Aにとって『ふうせんねこ』が特別なものであることが分かる。『ふうせんねこ』のもつ力はもちろんであるが，どの子どもにとっても「この一冊」との出合いによって，豊かな育ちが支えられる。

③園での読み聞かせ

　園で絵本の読み聞かせや物語を語る場面は，遊びの時間に少人数に向けて，クラスの活動として，全園児に向けた集会等で大型の絵本を用いて読む等が想定される。絵本は，絵と言葉が合わさった総合的なものであるから，絵も言葉もどちらも大切にされるように，読み手は，聞き手に聞こえるように，見えるように配慮する。

　絵本は，ページを戻して絵を見比べてみたり，読み手と聞き手が呼吸を合わせてページをめくる等，一方的に読んでもらうだけでなく，聞き手が参加する自由さをもち合わせている。集団での読み聞かせになると，個々の自由は制限され，読み手がお話の世界を壊さないようにリードしていく傾向はある。年齢や人数にもよるが，子どもたちは，絵本や物語を共有して楽しむことができるのである。

2　遊びへのかけはし

①遊びの中で

　子どもたちの遊びでは，身の周りにあるものをうまく取り入れていることに気付く。絵本もその一つである。純粋に「読み物」として楽しむだけでなく，お医者さんごっこや美容院ごっこの待ち合い室に置かれたり，お店の商品として並べたり，もち歩いたり，様々である。遊びと遊びの合間に，少し気持ちを落ち着けたり切り替えたりする際にも子どもたちは絵本を手にしている。そのようなときに子どもたちは，保育者が読み聞かせてくれた，一度触れたことのある絵本を手に取ることが多い。

　ままごとでお母さんになって赤ちゃんに読み聞かせてあげる姿もある。写真5-6のAは，赤ちゃんに読んであげることが自分の楽しみと

写真5-6　赤ちゃんに読み聞かせ

第5章 言葉の獲得に関する領域「言葉」

なっていて，絵本のもち方は赤ちゃんに見えるように工夫し，赤ちゃんに届くようにゆっくり読んであげている。絵本を楽しむ現実の世界と，お母さんになりきっている架空の世界が，絵本を通してつながっている，子どもらしくほほ笑ましい場面である。

事例5 図書館ごっこ

園の絵本は，子どもたちに貸し出すため，内表紙に貸出しカードが付いている。借りるときには，係の保護者や保育者がカードに記入して貸出しを行っている。1学期のあるとき，年長児が絵本の棚から絵本を取り出して図書館ごっこを始めた。図書館員と借り手になって，絵本を選び，カード記入のまねをし，絵本の貸出しをする遊びである。

▶考 察

この遊びについては，図書館ごっこの発想は認めつつ，いくつか課題が出てきた。貸出しカードへの記入は「まねっこ」にとどまっていたが，実際に園児が使用しているカードを「遊び」として使っていいのか，遊びに夢中になって次々に出したカードは元どおりに戻せるのか，である。

遊びが一段落するまでは止めずに，保育者は片づけの時間に子どもと一緒にカードを戻し，一緒に考えるようにした。

②活動を通して
事例6 保育者の劇をきっかけに

7月誕生日会のお楽しみとして，保育者による劇『三びきのやぎのがらがらどん』を行った。保育者はやぎとトロルのお面はつけたが，ついたてに布をかぶせた山に，ベンチを橋に見立てた簡単な舞台設定である。それでも子どもたちにとっては親しみのある物語であり，登場するやぎのがらがらどんの大きさと保育者の配役に納得し，トロルとのやりとりに興味をもって観ている様子であった。トロル役は男性園長である。

翌日，布をかけたついたてとベンチの橋を年長保育室に置いておくと，さっそく子どもたちががらがらどんになって遊び始めた。すぐに役になって橋を渡る子どももいれば，やぎのお面を描くことから始める子どももいる。また，「園長先生を呼んでくる」とトロル＝園長先生とイメージして，園長先生を探しに行く子どももいた。あいにく園長は留守であったが，代わりに男性チャプレン（教会伝道師）を連れてきて，劇に参加するように交渉した。その間に，客席を設けてお客さんを呼びに行く子

どももいた。

　さて，それぞれの準備ができると，小さいやぎのがらがらどん，中くらいのやぎのがらがらどん，大きいやぎのがらがらどんが順番に出てきて，物語に沿った言葉でトロルとやりとりを始めた。観客の子どもたちも絵本のとおりに進む内容に安心した様子で劇を観ていた。

　7月，夏休み直前の出来事であるが，8月の夏期保育でも「がらがらどんをやりたい」と希望が出て，継続した劇遊びとなった。夏期保育中は，特等席を設けてお客さんを案内したり，チケット配布，開演アナウンス，カーテン（を開く）係等，劇を中心としながらさらに遊びが発展した。

写真5-7　保育者による劇

写真5-8　子どもたちによる劇

▶考　察

　『三びきのやぎのがらがらどん』は，多くの子どもたちに長く親しまれている絵本の一冊である。物語のおもしろさに加えて，日本語に精通した瀬田貞二の訳が，リズムある言葉として子どもたちに取り込まれている。子どもたちは，話の内容を正確に理解し，台詞を話していた。

　保育者が劇を行った翌日に，劇に結び付くような環境設定をしたことから，保育者の意図がうかがえる。劇を「させる」のではなく，「やりたくなる」ように環境を整えて，子どもたちの反応を待ったのである。劇は，物語を理解した上で役になり，動作と言葉で表現をする。登場人物がそろわなければできないし，誰がどの役をするのか相談する必要もある。保育のねらいとして，「友達と協力する」ことが挙げられる。場所の使い方，動き，言葉のタイミング等，必要な「ルールの共有」もあるだろう。大きいやぎのがらがらどんとトロルとの対決では，力を加減することも自然に身に付けている。劇は，健康，人間関係，環境，言葉，表現とすべての領域が関連した総合的な遊びであるといえる。

第5章 言葉の獲得に関する領域「言葉」

　子どもたちは，保育室に置かれたついたてやベンチから前日の劇を思い出し，「やってみたい」と意欲をもって劇遊びを始めた。そして，演じるだけでなく，観客席を設け，チケットを準備し，お客さんを呼びに行き，案内する等，劇を軸としながら，様々なアイディアを出し合い，共有して遊びを展開している。子ども自らが考え，工夫し，相手と交渉し，身体を動かしてイメージを広げて遊びにつなげているのである。遊びの時間中，劇は繰り返し行われ，保育者は子どもたちが橋を渡るのに危険のないように見守る以外は，子どもたち主導で進められた時間であった。

3 まとめ

　絵本や物語を読むと，子どもたちは主人公に自己投影していることに気付く。楽しい話には楽しい気持ちになり，悲しい話には涙を流すこともある。また，怖い話や冒険の話では，息を殺して一緒に体験し，読み終わると「ハーッ」とため息をつくほど力を入れて聞いている姿が見られる。また，言葉のリズムがよく，繰り返しのあるものは，読み終わるころには，子どもたちが口ずさんでいる。

　保育者がとりあげる絵本や物語には関心が高く，貸し出しの際には，園で読んでもらった絵本を借りていく子どもが多くいる。家庭では，絵本本来のあり方で，身近にいる大人に読んでもらっていることだろう。何度も同じ話を聞くことで，内容理解にとどまらず，言葉も取り込んでいくことになる。子どもの栄養源として，できるだけ良質の絵本を読みたいものである。

第3節 文字等で伝える経験

1 園生活における文字の取り扱いについて

　幼稚園教育要領，保育所保育指針，幼保連携型認定こども園教育・保育要領では，いずれも「環境」及び「言葉」領域において，文字の取り扱いについて示されている。2018（平成30）年度から施行される教育要領等に新たに加えられた「幼児期の終わりまでに育ってほしい姿」には，幼稚園修了時までに育みたい具体的な姿の一部として，文字についても触れられている。

幼稚園教育要領

第1章　総則

第2　幼稚園教育において育みたい資質・能力及び「幼児期の終わりまでに育ってほしい姿」

3　次に示す「幼児期の終わりまでに育ってほしい姿」は，第2章に示すねらい及び内容に基づく活動全体を通して資質・能力が育まれている幼児の幼稚園修了時の具体的な姿であり，教師が指導を行う際に考慮するものである。

⑻　数量や図形，標識や文字などへの関心・感覚
　　遊びや生活の中で，数量や図形，標識や文字などに親しむ体験を重ねたり，標識や文字の役割に気付いたりし，自らの必要感に基づきこれらを活用し，興味や関心，感覚をもつようになる。

第2章　ねらい及び内容

環境

1　ねらい

⑶　身近な事象を見たり，考えたり，扱ったりする中で，物の性質や数量，文字などに対する感覚を豊かにする。

2　内　容

⑽　日常生活の中で簡単な標識や文字などに関心をもつ。

3　内容の取扱い

⑸　数量や文字などに関しては，日常生活の中で幼児自身の必要感に基づく体験を大切にし，数量や文字などに関する興味や関心，感覚が養われるようにすること。

言葉

2　内　容

⑽　日常生活の中で，文字などで伝える楽しさを味わう。

3　内容の取扱い

⑸　幼児が日常生活の中で，文字などを使いながら思ったことや考えたことを伝える喜びや楽しさを味わい，文字に対する興味や関心をもつようにすること。

保育所保育指針

第1章　総則

4　幼児教育を行う施設として共有すべき事項

⑵　幼児期の終わりまでに育ってはしい姿

第2章　保育の内容

3　3歳以上児の保育に関するねらい及び内容

　保育所保育指針では，「幼児」が「子ども」，「教師」が「保育士等」と表記され，内容は同じである。

第5章 言葉の獲得に関する領域「言葉」

> **幼保連携型認定こども園教育・保育要領**
> **第1章 総則**
> 第1 幼保連携型認定こども園における教育及び保育の基本及び目標等
> 　3 幼保連携型認定こども園の教育及び保育において育みたい資質・能力
> 　　及び「幼児期の終わりまでに育ってほしい姿」
>
> **第2章 ねらい及び内容並びに配慮事項**
> 第3 満3歳以上の園児の教育及び保育に関するねらい及び内容

　幼保連携型認定こども園教育・保育要領は，幼稚園教育要領における「幼児」が「園児」，「教師」が「保育教諭等」と表記され，内容は同じである。

　「幼児期の終わりまでに育ってほしい姿」，保育内容においても，文字の取り扱いについて「読む」「書く」をとりあげていないことに注目したい。大事なことは，日常生活の中で文字に親しみ，その役割に気付き，文字に対する感覚を養うことである。身の周りにある文字に興味や関心をもち，やがて幼児自身が文字を必要と感じるような体験を積み重ねるのがねらいなのである。特に「言葉」領域では，文字が伝達手段であることを知り，それが楽しい体験となるような園生活を送ることがポイントとなる。つまり，子どもたちにとっての園生活が，相手に伝えたくなるような喜びや楽しさの動機となることを求められているといえるだろう。

　「読む」「書く」については目に見えやすいことであり，文字を読んだり書いたりする子どもの姿に出合うと，保護者は「読める」「書ける」ことに注目する傾向がある。また，子ども同士を比較して，我が子が文字に関心を示さないことを心配したり，焦ったりする場合もある。しかし，文字への興味はひじょうに個人差が大きく，興味をもった子どもはあっという間に覚えてしまうが，興味がないのに無理に教えようとしても子どもはいやがってしまうのが実情である。子どもが必要を感じていないのだから無理もない。それよりも，生活の中で文字が果たす役割を認識し，遊びに取り入れていくような姿を大事にとらえたい。

　文字に関心をもつきっかけの多くは，大きいきょうだいや友達の姿をまねたり，遊びの一環として文字を使う状況が生まれる場合である。手紙を書く，ごっこ遊びに必要な小道具として看板，メニュー，お金をつくる等が考えられる。紙に文字らしいものを書いて満足する段階もあれば，相手に「伝える」ことを重視して，保育者に「書いて」と頼む場合

もある。保育者は，子どもの発達に合わせて，書いてあげてもよいし，見本を書いて子どもがまねできるように見せたり，点線をなぞるようにするのもよいだろう。

それぞれの子どもの「時」をとらえて，「○○って書いて」と頼んできたり，「なんて読むの？」「どうやって書くの？」と尋ねてきたときには，逃さずに対応したい。文字の役割を理解し，文字を通して「知りたい」「伝えたい」という気持ちが芽生えている「時」といえる。保護者にもそのような子どもの育ちを伝え，子どもの「今」を尊重しながら「待つ」ことのできる保育者でありたい。

文字を「教える」「教えない」については，どちらの主張もあり，結論には至らない。また，園独自の考え方によって，まったく教えない園，ドリル等を用いて教える園，教えないが意図的な環境づくりをする園等様々な形態があると考えられる。教育要領，学習指導要領の改訂を踏まえ，文字については小学校との接続に大きく関わる点でもあるため，各園の実情に合わせて検討していくことが望まれる。

2 遊びの中で文字を使う経験

園生活の中心となる遊びの場面では，子どもたちが自然と文字を取り込んで遊んでいる姿が見られる。私たちの生活には当たり前に文字が存在し，生活の模倣が遊びになっていることから考えると理解しやすい。

①ごっこ遊び

子どもたちの好きなままごとやお医者さんごっこ，お店屋さんごっこ等は，ごっこ遊びの定番である。なぜ定番かといえば，多くの子どもたち自身が体験しており，イメージを共有しやすいからである。

家庭生活の模倣といえるままごとには，日々の暮らしが反映されていることが多い。文字に関しては，新聞を読む，手紙を書く，パソコンを使う，宿題をする等，子どもたちは家族の姿をよく観察し，再現していることに気付く。

お医者さんごっこでは，カルテや薬袋が使われ，お店屋さんごっこでは，看板づくり，メニューづくりに加えて，ポイントカードやクレジットカードが導入されている。レジもバーコードの読み取り式となり，時代による生活環境の変化は，子どもたちの遊びにも確実に変化をもたらしている。

第5章 言葉の獲得に関する領域「言葉」

写真5-9　看板「おすしやさんができますよ」

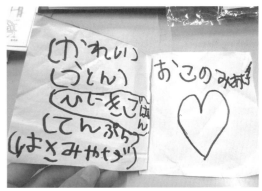

写真5-10　メニュー

②つくる遊び

　遊びの中では，一人で黙々とものをつくることに集中する時間がある。つくったものを遊びに使うこともあれば，遊んでいて必要となったものをつくり始める場合もある。ものをつくる場合に，文字が使われることはよく見られることである。

　保育者は，子どもが「○○したい」と思ったときに，十分な素材を提供できるように常に準備をしておきたい。

写真5-11　おたんじょうびケーキ

写真5-12　クラス名が書かれた保育室

事例7　おもしろさを伝えたい

　子どもたちは成長と共に生活経験を重ね，外からの刺激を受けるだけでなく，自ら発見した「おもしろさ」を外部に「伝えたい」思いをもつようにもなる。その手段の一つとして絵本をつくった事例を紹介する。

「せっけんのおはなし」

写真5-13　①

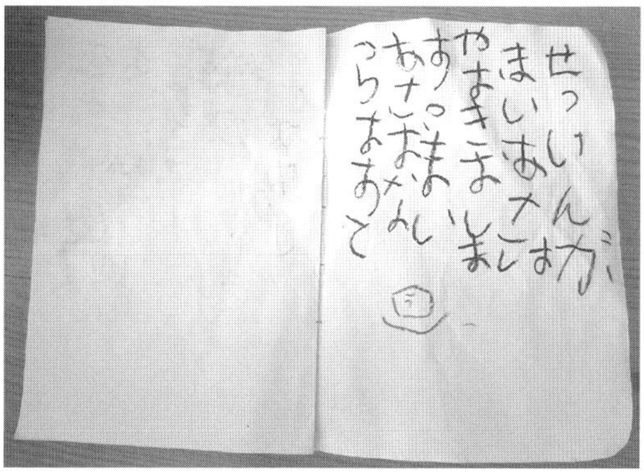

写真5-14　②

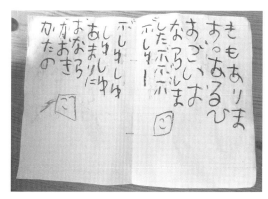

写真5-15　③

写真5-16　④

①せっけんがおならお（を）した
②せっけんがまいあさはやおきお（を）します　まいあさおならお（を）す（る）と
③きもあります。あるひすごいおならしました
　ボボボボしゅー　ボしゅしゅしゅしゅ
　あまりにおならがおおきか（っ）たの
④で　おならがとまらなくなな（っ）てしまいました　おしまい

年長女児S作（6月）

▶考　察

　おならを題材にしていることに賛否はあるかもしれない。また，助詞や促音（かった，なって等）が抜け，「を」がまだ書けておらず，文字の使い方は正確ではない。しかし，せっけんが発するおならのリズミカルな表現に魅せられる。この絵本は年長女児Sが家で書いてきて，園で友達や保育者に披露していたものである。友達に紹介しながら，読んでいる本人が言葉のリズムに乗って一番楽しそうであった。

第5章 言葉の獲得に関する領域「言葉」

　もともと何かをつくったりお話が好きな女児ではあるが，思いついた言葉のおもしろさを使ってお話にするとともに，言葉のリズムを書きとめておきたかったのと，そのおもしろさをほかの人にも「伝えたい」との思いでつくった絵本であったと思われる。

　筆者は，せっけんのおならの音をSと一緒に口ずさみ，言葉のリズムを楽しんだ。保育者の関わりとして，絵本にまとめたことを褒めたり，せっけんの絵を描き足すことを勧めて，できばえに視点を置くことも考えられる。しかし，子どもの心情を大切にすることを第一に考えると，自ずと保育者の適切な関わりとはどのようなことか導き出せるのではないだろうか。

③伝達する

　保育の場が家庭と大きく違うことの一つは，大勢の人が物や場を共有している点である。したがって，ある時間に公共の物や場所を自分たちが使っていたとしても，そのことを伝えないでいると，知らずにほかの誰かが使ったり，片づけたりしてしまうことが起こる。そこで，継続して自分たちが使いたいことや，このままにしておいてほしいことを周囲に伝える必要が生じ，その手段として文字が使われることがある。

　文字を「書く」ことは教えられていない子どもたちであるから，書き方が分からない場合には保育者に尋ねてくる。そのときには，どうしたいのか，なんと書きたいのか確認し，保育者が見本を書いてみたり，点線をなぞれるようにする等，子どもに合わせて対応する。同時に，公共の場であるから「はいらないでください」と書いても，まだ文字を読めない人がいること，そのために書いたことが相手に伝わらないこともあることをあわせて伝えるようにするとよいだろう。

写真5-17　「はいなないでください」

写真5-18　「おきますからすてないでください」

文字を使うのは年長が多いが，その姿を見て年中や年少の子どもたちも同じようにしてみたくなることがある。その場合には，保育者が文字を書いてあげることもある。

　年長がへちまを収穫し，種を取ることになった。水につけておくとにおいが強いため，事前にみんなに種を取る日を伝えることになり，絵入りの看板をかいて知らせた。

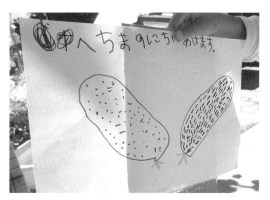

写真5-19　「へちま9にちにあけます」

④活動の中で

　園生活では，個を大切にしながらも集団で活動する楽しさも経験していく。仲間と体験することで刺激になり，個の興味が広がっていくことが期待される。また，個性の違いが合わさって，集団のおもしろさを生みだしていくこともある。

事例8　オリエンテーリングにて

　年長6月，キャンプ前の園外保育として近隣の公園に出かけ，グループごとに冒険をした。9～10人のグループに1枚の地図が渡され，地図を頼りにオリエンテーリング方式の冒険である。どのコースを通り，どの道順でいくのか，すべて子どもたちの話し合いによって進められる。出発前に，リーダーや地図をもつ係が必要ということになり，話し合いで担当が決まった。保育者が，みんながグループからはぐれたりしないように一番後ろから見守る「しんがり」という役もあることを伝えると，「しんがり」も役割として加わり，交代しながら冒険が進んだ。

　オリエンテーリング方式のため，指示のプラカードや通過記録の個人用カード，地図にも文字がある。9～10人の少人数であっても，グループをまとめるリーダーをやりたい子ども，地図を読みたい子ども，みんなと一緒の行動で満足する子どもと様々な個性があるグループ活動であった。

▶考　察

　年長児のグループ活動として文字がとりあげられている事例である。文字の扱いについては個人差が大きいため，グループの仲間と文字に触れる，話し合う，協力することがおもなねらいとなっている。

　それぞれの「やりたい」気持ちがぶつかり合い，誰がどの順番で何を

第5章 言葉の獲得に関する領域「言葉」

写真5-20 地図を囲んで相談

担当するのか、どのタイミングで役割を交代するのか、子ども同士で決めるにはむずかしいこともあった。実際にはけんかも起こり、泣いたり、怒りだす子どももいた。そのような場合に、とりなしをする子どもがいるのが年長らしい。いつも人に譲ることの多い子どもが大泣きをして自分の気持ちを伝える場面もあり、言葉の側面としても意味のある活動となった。

　子どもたちに任せる場合には、保育者はなりゆきを見守り、適切に軌道修正することが求められる。文字については、読める子どもばかりが主導することにならないように、まだ興味がない子どもには友達とペアにしたり、ほかの役割が担える配慮をする等、個々の子どもを理解して全体を見ていくとよいだろう。

　園生活は園の歴史の積み重ねでもあり、それぞれの園で行われてきた遊びが伝統として受け継がれていくものがある。年長児の遊びを見て年中少児がまねてみたり、自分が年長になったときに挑戦したり、「やってみるもの」と期待しているものもある。

事例9　文字に残す

　S幼稚園では、例年年長の3学期に子どもたちによる絵本づくりが行われており、園の文化として、「絵本にする」ことが日常的なこととして保育に根付いている。

　年長児が言葉遊びとして楽しんでいるだじゃれ、回文（上から読んでも下から読んでも同じ言葉）、なぞなぞ等を、保育者が書きためて絵本にする

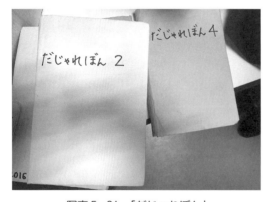

写真5-21 「だじゃれぼん」

写真5-22 「さめが　さんめい」

ことが数年続けられている。絵本になることで，子どもたちは言葉遊びを耳にし，目にし，年長になると自然なかたちでだじゃれや回文を考えるようになっている。

▶考　察

「だじゃれ」は，言葉の意味を理解していないと楽しめない高度な言葉遊びである。年長だからこそ楽しめる遊びの一つであるが，ブームとしてではなく，園内で継続した遊びとなっている。このことによって，子どもたちの言葉に対する感覚やおもしろさは大きく育てられていると考えられる。

写真5-23　「かめのカメラ」

年長の姿を年中が見て，自分たちが進級した際には「やるもの」として子どもたちが引き継ぐ園文化のような遊びとなっているのには，絵本という形が果たす役割は大きい。言葉を文字として残すことによって，言葉遊びが継承されているのである。子どもたちの言葉を書きためて絵本にする保育者の関わりによって，自発的な子どもの遊びが，園文化として発展し，定着したといえるだろう。保育者の関わりについても改めて学びたい事例である。

3　まとめ

子どもにとって遊びは，どの年齢の子どもたちにとっても重要であり，必要なものである。文字に関しては，文字の役割をある程度理解し，遊びに取り入れている年長児が中心となって発展していくことが多いと思われる。一方，友達からもらった手紙が嬉しくて，一日中持ち歩く3歳児の姿も見られる。子どもたちにとって，文字のある生活が身近に感じられるような環境によって，遊びが総合的に発展していくことを改めて考えたい。

第5章 言葉の獲得に関する領域「言葉」

① 言葉が育つのに,なぜ身近な人の関わりが必要なのか。その理由を考えよう。
② 絵本や物語は,子どもたちにとってどのようなものであるのか考えよう。
③ 子どもが文字を身近に感じ,遊びに取り入れている姿を探そう。
④ 子どもの遊びの中で,言葉が果たす役割をまとめよう。

引用文献

- 大豆生田啓友・佐藤浩代編著『言葉の指導法(保育・幼児教育シリーズ)』玉川大学出版部,2014年
- 小田豊・芦田宏編著『保育内容 言葉(新保育ライブラリ)』北大路書房,2009年
- せなけいこ『ふうせんねこ(あーんあんの絵本)』福音館書店,1972年
- 外山滋比古『わが子に伝える「絶対語感」――頭の良い子に育てる日本語の話し方』飛鳥新社,2003年
- ブラウン,M『三びきのやぎのがらがらどん(世界傑作絵本シリーズ)』せたていじ訳,福音館書店,1965年
- 松居直『絵本の現在子どもの未来』新装版,日本エディタースクール出版部,2004年
- 松居直『絵本をみる眼』新装版,日本エディタースクール出版部,2004年
- 横山正幸『乳幼児の言語指導(保育入門シリーズ)』北大路書房,1979年
- 横山正幸『内容研究 領域 言葉(教育・保育双書)』北大路書房,1994年
- 和田典子「小学校「国語」への連携と幼児期の文字指導について――小学校学習指導要領・幼稚園教育要領・保育所保育指針の改正を踏まえて」近畿医療福祉大学紀要 vol. 9(1),2008年,47-64頁
- 厚生労働省「保育所保育指針」2017(平成29)年告示
- 文部科学省「幼稚園教育要領」2017(平成29)年告示
- 内閣府・文部科学省・厚生労働省「幼保連携型認定こども園教育・保育要領」2017(平成29)年告示

参考図書

◎ 外山滋比古『わが子に伝える「絶対語感」――頭の良い子に育てる日本語の話し方』飛鳥新社,2003年
◎ 松居直『絵本の現在子どもの未来』新装版,日本エディタースクール出版部,2004年
◎ 松居直『絵本をみる眼』新装版,日本エディタースクール出版部,2004年

感性と表現に関わる領域「表現」

領域「表現」とは「感じたことや考えたことを自分なりに表現することを通して、豊かな感性や表現する力を養い、創造性を豊かにする」領域である。
子どもたちは日々の生活の中で、自ら周りの人や身近な環境と関わり、その中で様々な経験をする。その中で、不思議だやおもしろい、美しいややさしい等の心を動かす出来事等に出合う。そういった経験から感じたことや考えたことを自分なりに表現するようになるのである。そして、様々な表現をする中で豊かな感性や表現する力を養い、創造性が豊かになっていくのである。その表現する過程における保育者の役割とは何であろうか。乳幼児期の表現の特徴を踏まえた上で考えていく。

第1節 子どもの豊かな感性

1 表現とは

　表現とは、いったいどういったことなのであろうか？　ふだん、あまり気にしていないが、大人も子どもも何かしらの表現をして生活をしている。しかし、表現を説明せよと言われるとなかなかむずかしいだろう。むずかしいからこそ、子どもの表現を大切にするということは分かっていながらも、実践がむずかしいのである。
　岡田陽は表現を「読んで字のごとく「オモテにアラワス」こと」とし、次のように公式化した。

図表6-1　表現の公式

（ウチ）　　　　　　　　　　（オモテ）
内　面　───────→　外　化

（イメージ）
思考感情　→　技　術　→　表　現

◎岡田、1994年より筆者作図

119

第6章 感性と表現に関わる領域「表現」

　人間の内面（思考感情・イメージ）をある技術を用いて外化することが表現ということであるが，その中でも岡田は「いい表現を生み出すためには，まず豊かなイメージを必要とする」と内面の重要性を訴えている。

　表現は何もないところからは生まれない。また，どんなに技術が優れていたとしても，人間の内面が充実していなければ表現は稚拙なものになってしまう。そうであれば，表現する力を育むためには，技術や，オモテにアラワれた後の目に見える表現よりも，まずは内面を大切にすることが大事なことになる。

　日本の今までの表現教育は技術獲得を重視していたといえる部分がある。さらに乳幼児期の表現では大人の感動を第一とし，見栄えを意識し上手にできることを子どもに求める傾向が一部であるのではないだろうか。こういった傾向の中では上手にできるように技術を子どもに伝え，練習を繰り返すということが行われ，子どもの内面の育ちへの意識が希薄となってしまうだろう。

　特に幼児期は「大人のように観念化，概念化されない，より多くの身体水準の感覚の世界で」（津守，1987）身体と共に内面が現れる時期である。その時期の子どもたちの表現を技術獲得中心とし，観念化，概念化してしまうことのないように，より多くの身体水準の感覚の世界で十分に内面を育んでいくことが大事なことになる。そのためにはやはり子どもの内面理解から始める必要があるだろう。その内面理解について事例1を通して考えていきたい。

事例1　ライオンになりきるA

　5歳児クラスのAは，クラスの活動で「ライオンから逃げろー」をうたっていた。その後の朝，登園してすぐに，顔と首をマジックで茶色く塗り，鼻の頭を黒く塗りつぶしてライオンになりきろうとしていた。

　このような子どもがいたとき，保育者としてどのように接するだろうか？

　マジックの使い方の指導をするだろうか？　それとも，顔に塗ってはいけないと叱りつけるだろうか？

　いろいろなことが考えられるが，そういったことよりも大切なことは，先に述べたとおり子どもたちの内面理解をするということである。このとき彼は何を思っ

写真6-1　ライオンだー

てライオンになりたいと思ったのであろうか？　そのことをまずは考えてほしい。

　倉橋惣三は「心もち」という言葉を用いて，「子どもの今，その今の心もちに引きつけられる人」（倉橋, 2008）を子どもにとって嬉しい人とした。

　Aは歌を楽しむという表現活動から，歌の世界に入り込みイメージを膨らませていった。つまり，歌をうたったことをきっかけにライオンに興味をもち，自分なりにライオンを表現しようと考え，このような表現になったのであろう。このようなAなりに豊かに表現しようとしたその心もちに引きつけられることが保育者としてまず大切であり，表現を受け入れられた経験の積み重ねがあって，子どもの内面が充実していくのである。

2　子どもの「内面」が育つ環境

　子どもが豊かな感性や表現する力を身に付けるために重要なことの一つが内面の充実となるが，その内面が育つ環境とはどのようなことであろうか。

　「幼稚園教育要領」ほかでは，「生活の中の美しいものや心を動かす出来事に触れ，イメージを豊かにする」（領域「表現」内容(2)）とある。

　子どもたちの生活の中には，たくさんの美しいものや心を動かす出来事がある。それは大人であれば通り過ぎてしまうような小さいことにも興味をもち，目を向けるからである。さらに，子どもたちにとっては毎日のように初めてのことに出合う。その出合いはまさに心を動かす出来事になり得るだろう。その子どもの美しいものや心動かす出来事への興味や関心をまずは大切にすることが大事なことである。

事例2　たんぽぽあげる

　3歳児クラスのBは，たんぽぽの花を見つけると，「ママにおみやげ」「お姉ちゃんのおみやげ」「先生におみやげ」と言いながら，きれいに咲いているたんぽぽをそっと取っては握りしめていた。

　Bはたんぽぽに興味をもち，そのかわいさを感じて，そして誰かにあげたいという気持ちが生まれたのであろう。

写真6-2　たんぽぽどうぞ

第6章 感性と表現に関わる領域「表現」

　幼児はきれいと感じた気持ちを誰かに伝えたり，共有したりすることで，その気持ちをさらに高めることがある。幼稚園教育要領ほかでは，前述した内容のほかに「様々な出来事の中で，感動したことを伝え合う楽しさを味わう」（領域「表現」内容(3)）と記されている。

　「生活の中の美しいものや心を動かす出来事に触れイメージを豊か」にし，それを友達や保育者，親等に伝えようとする。その気持ちに共感し，「伝え合う楽しさを味わう」。さらに，共感された嬉しさ，楽しさから，美しいものや心動かす出来事を探すという循環ができるのである。

　子どもの内面を育むためには，まず，その内面に共感することが大切であり，さらに，感動したこと等を子ども同士や周囲の大人と伝え合う関係性を構築することが大事なことになる。

　だからこそ大人の感覚で生活を進め，子どもの心が動いて目を向けたものに対して共感せずにいると，次第に子どもたちは美しいものや心動かす出来事に対して鈍感になってしまい，子どもたちの内面の育ちは阻害されてしまうだろう。

　そうならないために，日々の子どもたちの関わりを大切にすることから，子どもたちの表現する力が育まれることを理解し，子どもの心もちに共感できる保育者の存在が大切となることを理解してほしい。

3　領域「表現」における育ちの連続性

　子どもの表現は生活と遊びと素材による活動の中で豊かに広がる（図表6-2）。その発達段階は泣くや怒る等生活に直結している様々なシグナルから始まり，行動として表れる表出行動へとつながっていく。

　表出行動は意思を伴った表現的行動へと変化し，自らの活動で表現することとなる。自らの表現活動は伝える意識や結果への意識が伴った明瞭な表現的行動となるのである。

　子どもはある年齢になると急に何かができるようになるということではなく，様々な経験を生活の中で少しずつ積み重ねて成長をしていく。

　それは表現においても同様である。人間は生まれた瞬間から，周りの人・モノ・出来事に，視覚・触覚・聴覚・嗅覚・味覚等の五感を使って，能動的に関わろうとしている。たとえば，0歳の赤ちゃんは自分の手から始まり，いろいろなモノをなめるようになるが，これは口の感覚でモノとの出会いを確かめ，感覚から得たイメージを自分の中に蓄積し，モノに対する理解を深めているというようにも見える。このような出会い

図表6-2　表出から表現の過程

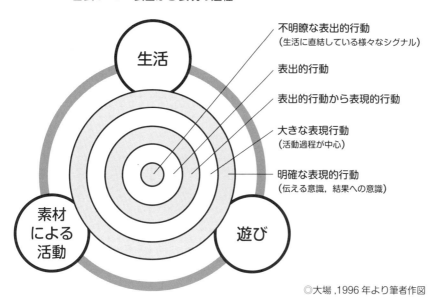

◎大場,1996年より筆者作図

から、すでに表現する力の基盤ができ始め、生活の中で様々な経験を通して表現する力は育まれていく。

「保育所保育指針」と「幼保連携型認定こども園教育・保育要領」では、乳児保育、つまり0歳児について、その発達の特徴を踏まえ、5領域ではなく、以下の3つの視点からねらい及び内容を定めている。

> ア．健やかに伸び伸びと育つ
> イ．身近な人と気持ちが通じ合う
> ウ．身近なものと関わり感性が育つ

領域という考え方同様、これらはそれぞれに独立したものではなく、また、個別の領域へとつながるものではないが、領域「表現」と一番親和性が高い「身近なものとの関わり感性が育つ」について以下に記す。

1　乳児保育に関わるねらい及び内容
ウ　身近なものと関わり感性が育つ
　身近な環境に興味や好奇心をもって関わり、感じたことや考えたことを表現する力の基盤を培う。

(ア)　ねらい
①身の回りのものに親しみ、様々なものに興味や関心をもつ。
②見る、触れる、探索するなど、身近な環境に自分から関わろうとする。
③身体の諸感覚による認識が豊かになり、表情や手足、体の動き等で表現する。

第6章 感性と表現に関わる領域「表現」

> (イ) 内 容
> ①身近な生活用具，玩具や絵本などが用意された中で，身の回りのものに対する興味や好奇心をもつ。
> ②生活や遊びの中で様々なものに触れ，音，形，色，手触りなどに気付き，感覚の働きを豊かにする。
> ③保育士等と一緒に様々な色彩や形のものや絵本などを見る。
> ④玩具や身の回りのものを，つまむ，つかむ，たたく，引っ張るなど，手や指を使って遊ぶ。
> ⑤保育士等のあやし遊びに機嫌よく応じたり，歌やリズムに合わせて手足や体を動かして楽しんだりする。
>
> (ウ) 内容の取扱い
> 上記の取扱いに当たっては，次の事項に留意する必要がある。
> ①玩具などは，音質，形，色，大きさなど子どもの発達状態に応じて適切なものを選び，その時々の子どもの興味や関心を踏まえるなど，遊びを通して感覚の発達が促されるものとなるように工夫すること。なお，安全な環境の下で，子どもが探索意欲を満たして自由に遊べるよう，身の回りのものについては，常に十分な点検を行うこと。
> ②乳児期においては，表情，発声，体の動きなどで，感情を表現することが多いことから，これらの表現しようとする意欲を積極的に受け止めて，子どもが様々な活動を楽しむことを通して表現が豊かになるようにすること。

　これらを読むと0歳児の赤ちゃんがただ依存するだけの存在ではなく，様々なことに興味関心をもち，関わろうとしていることが分かる。これらの姿をさらに育むためには，「表現しようとする意欲を積極的に受け止めて，子どもが様々な活動を楽しむことを通して表現が豊かになるようにする」（内容の取扱い②）ことをまずは大切にしたい。

　そのためには，様々なものに興味や関心をもち，見たり，触れたり，探索したりと自分から関わろうとすることのできる環境構成が重要であり，徐々に様々な表情や手足，体の動き等で表現することができるようになっていくことを保育者が喜び，丁寧に受け止めることである。

　そして，その後の1歳児以降になると，乳児での育ちを連続でとらえつつ保育所保育指針，幼保連携型認定こども園教育・保育要領では5領域にて表されるようになる。

　これは，0歳児の未分化な状態での育ちを受けてのことであるので，0歳児と1歳児以上の育ちがまったく違うものということではなく，連続性が重要であるということを忘れてはいけない。

　また，3歳以上児については，幼稚園教育要領，保育所保育指針，幼保連携型認定こども園教育・保育要領と内容的には同一であるが，一部に文言の異なる部分（教師，保育士，保育教諭等）がある。ここでは，0歳児からの連続性を明確にするために，保育所保育指針を抜粋したもの

を掲載する。

> **2 1歳以上3歳未満児の保育に関わるねらい及び内容**
> **オ 表 現**
>   感じたことや考えたことを自分なりに表現することを通して，豊かな感性や表現する力を養い，創造性を豊かにする。
>
> (ア) ねらい
> ①身体の諸感覚の経験を豊かにし，様々な感覚を味わう。
> ②感じたことや考えたことなどを自分なりに表現しようとする。
> ③生活や遊びの様々な体験を通して，イメージや感性が豊かになる。
>
> (イ) 内 容
> ①水，砂，土，紙，粘土など様々な素材に触れて楽しむ。
> ②音楽，リズムやそれに合わせた体の動きを楽しむ。
> ③生活の中で様々な音，形，色，手触り，動き，味，香りなどに気付いたり，感じたりして楽しむ。
> ④歌を歌ったり，簡単な手遊びや全身を使う遊びを楽しんだりする。
> ⑤保育士等からの話や，生活や遊びの中での出来事を通して，イメージを豊かにする。
> ⑥生活や遊びの中で，興味のあることや経験したことなどを自分なりに表現する。
>
> (ウ) 内容の取扱い
> 上記の取扱いに当たっては，次の事項に留意する必要がある。
> ①子どもの表現は，遊びや生活の様々な場面で表出されているものであることから，それらを積極的に受け止め，様々な表現の仕方や感性を豊かにする経験となるようにすること。
> ②子どもが試行錯誤しながら様々な表現を楽しむことや，自分の力でやり遂げる充実感などに気付くよう，温かく見守るとともに，適切に援助を行うようにすること。
> ③様々な感情の表現等を通じて，子どもが自分の感情や気持ちに気付くようになる時期であることに鑑み，受容的な関わりの中で自信をもって表現をすることや，諦めずに続けた後の達成感等を感じられるような経験が蓄積されるようにすること。
> ④身近な自然や身の回りの事物に関わる中で，発見や心が動く経験が得られるよう，諸感覚を働かせることを楽しむ遊びや素材を用意するなど保育の環境を整えること。

第6章 感性と表現に関わる領域「表現」

> **3 3歳以上児の保育に関するねらい及び内容**
> **オ 表 現**
> 感じたことや考えたことを自分なりに表現することを通して,豊かな感性や表現する力を養い,創造性を豊かにする。
>
> (ア) ねらい
> ①いろいろなものの美しさなどに対する豊かな感性をもつ。
> ②感じたことや考えたことを自分なりに表現して楽しむ。
> ③生活の中でイメージを豊かにし,様々な表現を楽しむ。
>
> (イ) 内 容
> ①生活の中で様々な音,形,色,手触り,動きなどに気付いたり,感じたりするなどして楽しむ。
> ②生活の中で美しいものや心を動かす出来事に触れ,イメージを豊かにする。
> ③様々な出来事の中で,感動したことを伝え合う楽しさを味わう。
> ④感じたこと,考えたことなどを音や動きなどで表現したり,自由にかいたり,つくったりなどする。
> ⑤いろいろな素材に親しみ,工夫して遊ぶ。
> ⑥音楽に親しみ,歌を歌ったり,簡単なリズム楽器を使ったりなどする楽しさを味わう。
> ⑦かいたり,つくったりすることを楽しみ,遊びに使ったり,飾ったりなどする。
> ⑧自分のイメージを動きや言葉などで表現したり,演じて遊んだりするなどの楽しさを味わう。
>
> (ウ) 内容の取扱い
> 上記の取扱いに当たっては,次の事項に留意する必要がある。
> ①豊かな感性は,身近な環境と十分に関わる中で美しいもの,優れたもの,心を動かす出来事などに出会い,そこから得た感動を他の子どもや保育士等と共有し,様々に表現することなどを通して養われるようにすること。その際,風の音や雨の音,身近にある草や花の形や色など自然の中にある音,形,色などに気付くようにすること。
> ②子どもの自己表現は素朴な形で行われることが多いので,保育士等はそのような表現を受容し,子ども自身の表現しようとする意欲を受け止めて,子どもが生活の中で子どもらしい様々な表現を楽しむことができるようにすること。
> ③生活経験や発達に応じ,自ら様々な表現を楽しみ,表現する意欲を十分に発揮させることができるように,遊具や用具などを整えたり,様々な素材や表現の仕方に親しんだり,他の子どもの表現に触れられるよう配慮したりし,表現する過程を大切にして自己表現を楽しめるように工夫すること。

　乳児保育に関わるねらい及び内容から順番に読むと,子どもたちが様々なことができるようになっていく過程が分かってもらえると思う。
　たとえば,音楽に焦点を当てると乳児のときは「歌やリズムに合わせて手足や体を動かして楽しんだり」していたものが,1歳以上児になると,「歌を歌ったり,簡単な手遊びや全身を使う遊び」を楽しむようになり,そして,3歳以上児は「音楽に親しみ,歌を歌ったり,簡単なリズム楽器を使ったり等する楽しさを味わう」ようになる。
　このようにできることが増えていくことは育ちの一つであるが,それ

は一つに過ぎない。このできることだけに注目をしてしまうと、もっとできるようにとさらなる期待となり、音楽でいうと「簡単なリズム楽器」が子どもにとって簡単とは思えないものまでできるようにさせていくことにつながってしまう。

できるということはあくまで結果であり、大切なことは、育ちの連続性を理解し、その過程を大切にしていくことである。

その過程が豊かなものになるように「生活の中で様々な音、形、色、手触り、動き等に気付いたり、感じたり」できるような環境の工夫をしたり、「感動したことを伝え合う」関係性を構築したり、「いろいろな素材に親しみ、工夫」できるような教材研究をすることが保育者に求められるようになるのである。

第2節 事例から領域「表現」を考える

1 子どもの興味・関心を大切にする

事例3 雨が降ってきた

5歳児クラスのCが公園で遊んでいると大粒の雨が降ってきた。雨宿りをしたが、Cは飛び出して全身で雨を楽しんだ。Cの楽しそうな様子は、友達や保育者にも伝わり、みんなが雨の中に飛び出して行った。雨が止んで、しばらくすると、水たまりに入ったり、触ったりし始めた。Cを先頭に水たまりの行進が始まった。

写真6-3　あめ

この事例では、Cが雨を全身で楽しんでいる様子に周りにいる子どもや保育者が自然に引き込まれている姿に注目したい。

一人の興味や関心を周囲が認め、「わたしもやってみたい」と感じ、遊びに広がっているのである。

さらに、雨のような自然との関わりは子どもの豊かな表現する力を養う。2017（平成29）年告示の幼稚園教育要領では、領域「表現」の内容の取扱い(1)が次のように変更となっている（変更点、筆者下線）。

写真6-4　みんなでちゃぷちゃぷ

第6章 感性と表現に関わる領域「表現」

> (1) 豊かな感性は、身近な環境と十分に関わる中で美しいもの、優れたもの、心を動かす出来事などに出会い、そこから得た感動を他の幼児や教師と共有し、様々に表現することなどを通して養われるようにすること。その際、風の音や雨の音、身近にある草や花の形や色など自然の中にある音、形、色などに気付くようにすること。

　つまり、自然との関わりが表現において今まで以上に重視されるようになったのである。事例のような「雨」やそのほかの自然を「きれいだね」と一言で終わらせるのではなく、その出会いを形や色、音等多様な視点から検討し、子どもと一緒に感性豊かに感じられるようになってほしい。豊かな心をもち合わせた保育者が子どもの心に寄り添うことで、子どもの感性や表現はより豊かなものとなっていくだろう。

2 行事と日常のつながり

　行事について幼稚園教育要領第1章総則第4に次の記載がある。

> 　行事の指導に当たっては、幼稚園生活の自然の流れの中で生活に変化や潤いを与え、幼児が主体的に楽しく活動できるようにすること。なお、それぞれの行事についてはその教育的価値を十分検討し、適切なものを精選し、幼児の負担にならないようにすること。　（3 指導計画の作成上の留意事項(5)）

　造形展、発表会、音楽会や運動会のリズム発表等行事は領域「表現」との関連性が大きい。
　また、本章1節で述べたとおり、日本の表現教育は技術主義の側面が強い傾向にあったため、就学前施設の行事も子ども主体とはいえず、ときに子どもの負担となるような場合もあった。そうならないための行事のあり方について事例を通して検討したい。

事例4 生活に変化や潤いを与える発表会

　5歳児のクラスではペットボトルのふたでコマ回し（写真6-5, 写真6-6）スーパーマーケットごっこ（写真6-7）等のいろいろな遊びを楽しんでいた。
　そのなか、12月に行われる発表会では子どもたちの好きな絵本『おしいれのぼうけん』[注1]を劇にして演じることに決定し、どのような劇にするかをクラスで話し合うことにした。
　劇中の幼稚園のシーンでは、ふだん遊んでいる遊びをしているのがい

写真6-5（左）　写真6-6（右）　ペットボトルのふたをコマにして遊ぶ年長児

写真6-7　スーパーマーケットごっこをする年長児

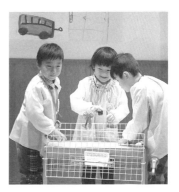

写真6-8　コマ回し
（発表会当日の様子）
©株式会社フォトクリエイト

いとなり，男の子を中心に盛り上がりを見せていたペットボトルのふたを使ったコマ回しをすることにし，（発表会当日：写真6-8）また，ねずみじいさんをやっつけるために，チーズを使うことになり，そのチーズをこちらもクラスで遊んでいたスーパーマーケットごっこでつくったものを活用するようにした。（発表会当日：写真6-9）

日常的に遊んでいるものを発表会で演じるということは，子どもたちにとって，ふだんから楽しんでしていることだからこそ，主体的に関わることできるため自信をもって演じることができていたようである。

また，すべてをゼロから考えるというわけではなく，子どもたちの今までの経験を生かしたかたちで発表会に臨むことができるため，子どもの負担は少ないものになる。

このように，子どもたちの遊びを取り入れ，子どもたちが主体的に楽しく活動できるようにすることで，行事は，

写真6-9
スーパーマーケットごっこ
（発表会当日の様子）
©株式会社フォトクリエイト

129

第6章 感性と表現に関わる領域「表現」

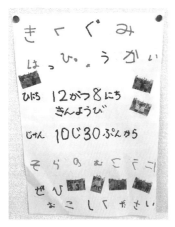

写真 6-10
発表会後，自分たちで企画した「きくみはっぴょうかい」

生活に変化や潤いを与えるものになる。だからこそ，発表会が終わった後も自分たちで発表会ごっこをしようとする姿も見られたのである（写真6-10）。

子どもたちが主体的に楽しく行事に取り組み，自然の流れの中で生活に変化や潤いを与えるような行事のあり方になるためには，数多くの行事があり，次から次へと行事をこなすような生活となってしまい，子どもが行事で得た経験を次に生かせなかったり，反対にふだんの生活が行事に生きなかったりしないようにしたい。また，行事のためにふだんの遊びが充実しなかったりするのであれば，行事と日常生活が変化や潤いを与えるような相乗効果を起こすようなことはない。

そのため，「それぞれの行事についてはその教育的価値を十分検討し，適切なものを精選し，幼児の負担にならないようにすること」を園全体で考えることはとても大切なことになるのである。

3 素材や環境を工夫する

幼稚園教育要領ほかには「いろいろな素材に親しみ，工夫して遊ぶ。」（領域「表現」内容(5)）とある。

工夫して遊べるためには「いろいろな素材」に親しめる環境が重要となるのは言うまでもない。保育者が子どもの興味関心に応じていろいろな素材を用意できるような教材研究をしていることはもちろんのこと，それらが十分に使えるような園の環境であることも重要なことである。

事例5 「回転寿司屋さんをやりたい」

5歳児Dが大好きな回転寿司の話をクラスでし，そこから「回転寿司屋さんをやりたい！」と何人かの子どもたちと遊び始めることになり，いろいろなものをつくり始める。

寿司屋さんに必要なものは何かを友達と一緒に考え，寿司，皿等はもちろんのこと，回転寿司屋にあるケーキやポテトやみそ汁等もつくることになった。また，あわせて回転寿司のレーンをどうしたら回るようになるかも考えてつくろうとしていた。

子どもたちから「回転寿司屋さんをやりたい！」と言われたとき，保育

者としてどのような素材や環境を工夫するだろうか。

単に画用紙やクレヨンというような素材だけしか用意できないのであれば，子どものたちの意欲や思いは減退する可能性がある。また，子どもに「何が必要？」と聞くだけであれば，子どもたちは今までの経験からしか検討することはできないので，ときにそこでのアイディアがあまり出ずに工夫したり，創造したりということまでつながらない可能性もある。

写真6-11　回転寿司で遊ぶ5歳児

子どもたちの興味を見極め，いろいろな素材を子どもたちと一緒に考えたり，提示したりすることで遊び込める環境を構成し，さらに工夫して遊ぶ中で，子どもたちの感性や表現する力は育まれていく。

この事例では，子どもたちの興味関心が広がるように実際に回転寿司屋さんに行き，レーンの仕組みを見せてもらったり，メニューを寿司屋さんのウェブサイトからダウンロードして子どもたちと見たり，看板をつくったりといった保育者の工夫も見られた。このように素材の工夫だけでなく，環境等の工夫もあわせて重要なことになる。

4　様々な関わりと「表現」

子どもの楽しさを支えているものは子どもの主体である。子どもが自発的で主体的に生活できる場・モノ・人と関わることで，子どもの表現は豊かに広がっていく。

図表6-3　幼児期における表現の広がり

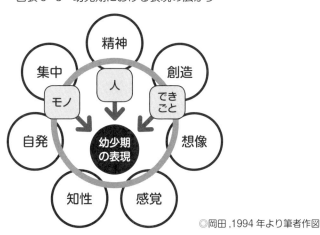

◎岡田,1994年より筆者作図

第6章 感性と表現に関わる領域「表現」

　図表6-3のとおり，人・モノ・出来事と関わる行為において表れた幼児期の表現は，子どもの「うちに豊かなイメージを描き，その実現に向かって柔軟な思いをめぐらせ，そして果敢にあるいは慎重に工夫と努力を積み重ね，試行錯誤を恐れず，ついに具体的な成果に達するという体験のパターンを」つくり出す。このような表現する体験が「蓄積していくことは，人生の航路に勇気と自信を持って立ち向かう生活姿勢をつくり上げるのに役立つ」（ともに岡田，1994）のである。つまり，幼児期の表現を丁寧に育てることは，精神・創造・想像・感覚・知性・自発・集中の様々な全人格的発達へとつながるのである。

　これら様々な関わりの中において表現する力を育むことで，多様な育ちが見られるのであるが，ここでは人との関わりを中心に考えていきたい。

　「人は自分の身になってくれる人との出会いから他人の身になることを学ぶのです。共に苦しみ，共に喜ぶ他者がいるからこそ，共に苦しみ，喜ぶことを学ぶのです」（佐伯，2007）

　子どもが思いきり自分を表現できるためには，「自分の身になってくれる」他者がいること，気持ちを共感して，同じ気持ちで表現を楽しむ他者がいることが大切であり，自分の表現を傍で見守る存在があることで，安心して自己を表現していくのである。

　また，領域「表現」には上記のような他者の存在を意識した文言がいくつか示されている（下線筆者）。

> 　生活経験や発達に応じ，自ら様々な表現を楽しみ，表現する意欲を十分に発揮させることができるように，遊具や用具などを整えたり，様々な素材や表現の仕方に親しんだり，他の幼児の表現に触れられるよう配慮したりし，表現する過程を大切にして自己表現を楽しめるように工夫すること。　（3内容の取扱い(3)）

　ほかにも「感動したことを伝え合う楽しさを味わう」（内容(2)）や「遊びに使ったり，飾ったりなどする」（内容(7)）といった文言もそうである。

　表現とは，本章第1節で述べたとおり「オモテにアラワス」ものである。アラワス先には当然，誰かしらの他者がいる。日常生活において，その多くは友達であり，保育者や親等の身近な人になるだろう。

　「他の幼児の表現に触れられるように配慮」することで，触れたことが刺激となり，自分もまねしてみようと意識したり，自分なりに工夫したりすることもあるだろう。そのような他者との関わりについて事例を通して考えてみよう。

事例6「みんなのぬりえノート」

5歳児クラスで塗り絵が流行し，丁寧に何枚も描く子がいた。きれいに書いた塗り絵をいろんな人にも見てもらいたいと思い，それをノートにし，誰でも手に取れるように展示するようにした。すると，それを見たほかの子どもたちが「じょうず！」とほめたり，これがきっかけで塗り絵に興味をもつ子が出てきたり，この遊びに参加していない子が上手にノートにするアイディアをくれたりという姿が見られるようになった。

写真6-12　みんなのぬりえノート

　これは「他の幼児の表現に触れられる」ようになっていた事例である。触れられることで友達の塗り絵を身近に感じることができ，様々な姿が見られるようになったのである。そして，他者の存在があったからこそ，様々なアイディアが生まれるようになったり，さらなる意欲につながったりし，豊かな感性や表現する力を子どもたち同士で育み合うようになっていくのであろう。

　表現はオモテにアラワレルからこそ，見えやすい部分のみ評価されがちであるが，それとは逆に，見えやすいからこそ分かりやすいともいえるので，子ども同士の刺激になったり，自信になったりと様々な効果が見られることがある。こういった姿を保育者として大切にしていってほしい。

第3節　「幼児期の終わりまでに育ってほしい姿」と領域「表現」

　2017年告示の幼稚園教育要領，保育所保育指針，幼保連携型認定こども園教育・保育要領では「幼児期の終わりまでに育ってほしい姿」（10の姿）という新しい考え方が導入された。

　詳細は本書第1章を参照してほしいが，領域「表現」において育ったものも当然のことながら10の姿につながる。それは特定の姿ということではなく10の姿すべてにつながりをもつ。

　たとえば，表現しようとする気持ちは「自立心」の「考えたり，工夫したりしながらあきらめずにやり遂げる達成感」を感じさせるし，その

第6章 感性と表現に関わる領域「表現」

中で「協同性」も養われていくだろう。

また、オモテにアワラス先に他者がいる限り、自分勝手に表現すればいいということではないため「道徳性・規範意識の芽生え」も育まれていく。

そのほかの姿に関してもつながりはあるが、その中でも最もつながりが深いと考えられるのが「豊かな感性と表現」である。

その「豊かな感性と表現」は第1章総則で次のように示されている。

> (10) 豊かな感性と表現
> 　心を動かす出来事などに触れ感性を働かせる中で、様々な素材の特徴や表現の仕方などに気付き、感じたことや考えたことを自分で表現したり、友達同士で表現する過程を楽しんだりし、表現する喜びを味わい、意欲をもつようになる。

生まれてから、たくさんの人と関わり、表現を受け止めてもらう経験を繰り返し、成長と共に、たくさんの心を動かす出来事に出合い、また、様々な素材を工夫したり表現の仕方に気付いたりする経験が表現する喜びや意欲につながることは、本章でも繰り返し述べてきたことである。

その中でも大切になるのが「過程」である。この過程が生み出される保育を意識してほしい。

たとえば事例5の「回転寿司屋さんをやりたい」という子どもたちの思いから遊びが始まりその過程が長いものになっていく、つまり1日で終わるのではなく、何日にもわたって遊び込むようになるためにはどうしたらいいのだろうか。次の2つのやり方から考えてほしい。

①回転寿司屋さんで遊んでいたものを次の活動をするため、すべてきれいに片づける
②次の日も遊べるように、つくったものを残しておいたり、ほかの友達に見えるように飾っておいたりする

さて、どちらのほうが過程を長くする可能性があるだろうか。それは当然、続きができる②のやり方のほうである。きれいに片づけることは生活する上でとても大切なことであるが、同様に表現する過程が楽しめる環境づくりをすることも重要なことである。

次の日も遊べることは園に来る楽しみにもなるし、家で親と一緒にど

のような寿司屋さんにするかを考えてくることもあるかもしれない。また、いろいろな人の意見に触れて、感性や表現は豊かになっていくはずである。

つまり遊び込める過程が長くなっていくとその中での育ちの機会が増え、いろいろな姿が見られるようになっていくのである。それは「豊かな感性と表現」を育む領域「表現」の視点から見ても同じく大切なことである。

しかし、保育者が過程をいかに大切にしていても、保護者にそれが理解されなければ子どもの育ちは十分なものにはならないだろう。特に、行事は結果を見てもらうことが多く、保護者はそこでのできる、できないを判断することが多くなってしまう。そうならないためにも、様々な方法で行事に至るまでの過程を保護者に分かりやすく発信をすることがとても大切なことになる。

たとえば、写真6-13のように写真を活用して、子どもが大切にしていることを具体的に伝えたり、ふだんの遊びの様子を伝えることで、行事と日常生活のつながりを保護者が理解したりすることもある。

10の姿の「豊かな感性と表現」に示されているような姿が幼児期の終わりまでに育っていくためには、様々な人、モノ、出来事との関わりが重要であり、その姿はその後の小学校へとつながっていく。

その姿とは図工、音楽といった芸術系の教科のみにつながるのではなく小学校での生活や様々な教科にもつながりをみせる。

写真6-13
造形展でエレベーターをつくった子どもたちの「過程」の中の育ちを伝えるドキュメンテーション

それは、表現が「オモテにアラワス」ものであり、子どもの内面を大切に育てる領域だからである。だからこそ、就学前施設の実践は表現技法の獲得にこだわることなく、子どもの感性や創造力といった内面の育ちに焦点を当てた保育となるようにしてほしい。

第6章 感性と表現に関わる領域「表現」

① 「感じたことや考えたことを自分なりに表現することを通して、豊かな感性や表現する力を養い、創造性を豊かにする」ための保育者の役割とは、どのようなことが考えられるか。
② 本章の事例を一つとりあげ、保育者としてどのような援助や環境構成ができるか指導計画を作成しよう。
③ 領域「表現」での育ちが小学校以上にどのようにつながるか述べよう。

〈注〉
注1　ふるたたるひ・たばたせいいち著『おしいれのぼうけん』童心社、1974年

引用文献

- 大場牧夫編著『表現原論――幼児の「あらわし」と領域「表現」――フィールドノートからの試論（新保育内容シリーズ）』萌文書林、1996年
- 岡田陽『子どもの表現活動』玉川大学出版部、1994年
- 倉橋惣三『育ての心（倉橋惣三文庫）』上・下、フレーベル館、2008年
- 佐伯胖『共感――育ち合う保育のなかで』ミネルヴァ書房、2007年
- 津守真『子どもの世界をどうみるか――行為とその意味』NHKブックス、1987年
- 厚生労働省「保育所保育指針」2017（平成29）年告示
- 文部科学省「幼稚園教育要領」2017（平成29）年告示
- 内閣府・文部科学省・厚生労働省「幼保連携型認定こども園教育・保育要領」2017（平成29）年告示

参考図書

- ◎ 磯部錦司・福田泰雅『保育のなかのアート = Art in Young Children's Lives at Nursery Center――プロジェクト・アプローチの実践から』小学館、2015年
- ◎ 大豆生田啓友編著『「子ども主体の協同的な学び」が生まれる保育（Gakken保育Books）』学研教育みらい、2014年
- ◎ 田澤里喜編著『表現の指導法（保育・幼児教育シリーズ）』玉川大学出版部、2014年
- ◎ 花輪充『遊びからはじまる学び』大学図書出版、2010年
- ◎ 無藤隆監、浜口順子編『〈領域〉表現（事例で学ぶ保育内容）』萌文書林、2007年

3歳未満児の保育内容

　0歳から2歳までの時期は，人間として生きていくための基盤が育まれる時期に当たる。保育園での子どもの生活は長時間にわたることから，保育の場のあり方はひじょうに重要であるといえるだろう。「保育所保育指針」には，「保育所は，子どもが生涯にわたる人間形成にとって極めて重要な時期に園生活時間の大半を過ごす場である」と書かれている。保育者は，乳児期・幼児期前期の子どもにふさわしい生活を考えて保育を展開することが求められているのである。

　乳児期・幼児期前期の子どもにふさわしい生活とはどのような生活なのだろうか。「保育所保育指針」や「幼稚園教育要領」からは，子どもは発達していく存在であり，小さくても，主体としての思いや願いをもった存在であるととらえられていることが分かる。生まれて数か月の赤ちゃんでも，おなかが空いた，オムツがぬれて気持ちが悪いといった自分の欲求を「泣く」という手段によって表現する。その欲求が，誰かに受け止められ，理解され，対応してもらえるという体験を積み重ねることで，安心して自分を表現できるようになる。いつでも受け止めてもらえる，いつでも分かってもらえるという安心感や信頼感を得られることが積極的に自分の周囲の世界を広げていくための基盤となるのである。

　このように考えると，3歳未満の時期は，自分のことをよく理解してくれ，気持ちを受け止めてくれる大人（養育者や保育者）との間の信頼関係をもとに，思いや願いをもって自分の周囲の世界の探求に挑む時期であるということができるだろう。養育者や保育者等，子どもの成長を支える大人は，このことを理解して子どもの生活のあり方を考えていくことが必要である。

第1節　3歳未満児の保育を支えるもの

1　乳幼児期に育みたい資質・能力と3歳未満児の保育

　2017（平成29）年の告示により改定された「保育所保育指針」では，乳幼児期に育みたい資質・能力を「知識及び技能の基礎」「思考力・判断力・表現力の基礎」「学びに向かう力，人間性等」の3つの側面から示している。また，「幼児期の終わりまでに育ってほしい姿」が示されている。

　そこに示されている姿は，3歳未満の子どもの今の姿とは結びつかないものに見えるかもしれない。しかし，子どもが，保育の中でこれらの

第7章 3歳未満児の保育内容

資質・能力を育み，就学前には「幼児期に終わりまでに育ってほしい姿」に近づくようにするためには，3歳未満児の保育のあり方も問われる。たとえば，保育者の温かい見守りの下で，子どもが主体的に興味や関心のあるものにチャレンジし，考えたり工夫したりする経験が十分にできているか，遊びを通しての学びが保障されているか，一人一人の満足感や達成感が大切にされ，積み重ねられているかどうか等が3歳以降の育ちにつながっていくからである。また，これらの育ちの基盤には，保育者との愛着関係，信頼関係があることを意識しながら，どのように3歳未満児の保育を実践していくかを考えることが必要である。

2 保育所保育指針の改定と3歳未満児の保育内容

保育所保育指針（2017年告示）では，乳児と1歳以上3歳未満児の保育に関する記載内容が充実した。このことにより，年齢が低い子どもの保育において，何が大切なのかが示されたのは，今回の改定のポイントの一つである。

世界的にも，乳幼児期は，認知能力（読む，書く，記憶する等の知的な力）を支える非認知能力（好奇心をもって意欲的に取り組む，失敗してもあきらめずにやりとげようとする等の目に見えにくい力）の基盤が育つ時期であることが明らかになっており，乳児期からの保育のあり方はひじょうに重要であるといえる。日々の保育の中で，子どもたちの遊びと生活をどのように考えるかが問われているのである。

3 保育者との関係性を基盤とした生活

0歳から1歳にかけての1年間は，人間の一生の中で最も発達が著しい時期である。生まれたばかりのときには，自分の身体を自分の意思で動かすこともままならなかった乳児は，最初の誕生日を迎える頃には，一人で自分の行きたいところに歩いていき，興味・関心のあるものを見つけて遊び始めるようになる。言葉も出るようになり，コミュニケーションも活発になってくる。

人間の子どもは，ほかの動物に比べると，未熟な状態で生まれる。それは，周囲の大人がケアをすることが予定されているということでもある。おなかが空けばミルクを飲ませてくれたり，オムツがぬれれば替えてくれたりする大人の存在があるからこそ，生きていくことができる。

その姿は，自分の力で生きていくことがむずかしい，未熟で無力な存在と映るかもしれない。

　一方で，乳児は様々な能力をもって生まれることが分かっている。生まれた瞬間から，乳児は，その能力を使って生活をし始める。特に，自分が周囲の人との関係性を築くために必要な多くの能力を備えているという点は注目すべきであろう。しかし，この能力は，周囲の大人が応答的に関わってこそ発揮される。それだけ，大人の側の関わりのありようが重要だといえるだろう。

　乳児は，いつも自分の欲求を受け止め，共感的かつ応答的に関わってくれる大人，不快な状態を快にしてくれる大人に対して，アタッチメント（愛着）を形成する。アタッチメントとは，特定の対象との間に形成される愛情の絆のことを指す。ボウルビィ（J. Bowlby）は，乳幼児期期にアタッチメントが形成されていく過程を明らかにし，この絆が子どもの社会性や対人行動の発達の基盤となっていることを示した。平2017年告示の保育所保育指針でも，第2章「保育の内容」に，乳児期に，特定の大人との応答的な関わりを通じて情緒的な絆が形成されるという特徴を踏まえ，乳児保育は愛情豊かに応答的に行われる必要があることが記載されている。乳児は，アタッチメントを形成した相手と一緒にいることで安心・安定した生活を送ることができる。「この人といれば安心」と思える大人を安全基地として，乳児は意欲的に自分の周りの世界を探索し始める。その過程で，怖いことがあったり，気持ちがくじけたりしたときにはその人のところに戻り，気持ちを受け止めてもらったり，慰めてもらったりすることで気持ちを立て直し，また，探索活動を再開する。それを繰り返すことで，世界が広がっていくのである。

　このように，乳児にとって，信頼できる大人がいることは，安全・安心な生活の基盤となる。それだけではなく，活発な探索活動の基地ともなるのである。信頼できる大人の存在は，やがて，他者一般への信頼感を育むことにつながり，同時に自分は愛されている，大切にされているという自己肯定感をもつことにもつながっていく。

　子どもが特定の大人とのアタッチメントを形成することは，乳児期から幼児期にかけての大きな課題である。家庭では，主たる養育者がその対象となるが，保育の場では，保育者と子どもの間に，アタッチメントが形成される。この絆が，乳児が家庭から離れた保育の場で，安心して過ごすことにつながるのである。

第7章 3歳未満児の保育内容

4 「食べる」「眠る」「遊ぶ」を中心とした生活

　保育園での生活は，家庭での生活とのつながりをもった，子どもにとって無理のないものであることが最も重要である。そのためには，保育園の中の生活だけを考えるのではなく，家庭の生活も含めた一日のリズムを視野に入れなければならない。なぜなら，低年齢の子どもにとって，家庭と保育園での生活が切り離されることは，生活リズムの混乱を招いたり，精神的に不安定になったりすることにつながるからである。

　保育園では，入園前には，家庭でのふだんの生活を記録し，養育者と面談をして生活の様子を聞いた上で，どのように子どもを受け入れることが子どもにとってよいのかを考える。たとえば，朝，早く起きて登園してくる子どもは，早めに昼食をとって午睡に入り，遅く登園してきた子どもは，遅めに昼食をとって午睡をするといったように，それぞれの家庭における生活とのつながりを考えた配慮が，多くの園で行われている。

　低年齢児の生活の中で，特に重要なのが，「眠る」「食べる」「遊ぶ」ということである。これらを中心において，一日の生活の流れを示したものがデイリープログラム（日課表）である。デイリープログラムは，子どもが健康で快適に生活することができるように，子どもの生理的欲求に応じて考えられている。デイリープログラムは，ある程度，固定されているものだが，決してそこに示されている一日の生活の流れに子どもを当てはめようとするものではない。家庭での子育てを思い浮かべてみると分かるように，睡眠や排泄，食事等の生活リズムは，養育者が子どもの欲求に応じていくことからつくられていく。保育園におけるデイリープログラムも同様で，個々の生活環境に合わせて，柔軟に対応しながら，子どもにとって快適な生活リズムを整えていくために用いられる。

5 探求心を満たす活動（遊び）が保障される環境

　低年齢の子どもは，自分が興味・関心をもったものを，体全体・感覚全体を総動員して探求しようとするという特徴をもっている。興味をもったものに近づき，口に入れたり，手に取ったりする姿からも，その探求心の強さが感じられる。集中力も驚くほどである。このような，子どもが周囲の環境に自ら関わっていくことが「遊び」なのである。探索活動を通して，様々な体験を積み重ねることで，子どもは成長していく。

　探索活動は，子どもの非認知能力の獲得に重要な活動である。その理

由の一つは，子ども自身が周囲の環境に関わり，自分なりの納得を得ることが学びになるからである。大人からすれば，年齢が低い子どもほど，「大人が教えてあげないと」という気持ちを強く抱いてしまうかもしれない。しかし，実は，子どもはとても有能な学び手であるということを頭においておきたい。子どもの遊びが充実したものとなるには，保育者の遊びの読み取りと計画性のある保育内容，環境の設定，適切な援助活動が重要となる。子ども自身が主体的に周囲の環境と関わり，感じたり，考えたり，試行錯誤したりすることができる保育の展開を考えることが求められているといえるだろう。

第2節 0歳児の保育内容

保育所保育指針（2017年告示）では，乳児保育（0歳児）の保育と，1・2歳児の保育を分けて保育のねらいと内容が示されている。特に，乳児保育については，従来の5領域での記述ではなく，3つの視点から保育のねらいと内容が示されている。乳児期は未分化であることから，保育内容を5領域のように明確に分けることができないため，以下の3つの視点から子どもの育ちを見ていくことになる。1つ目は，身体的発達に関する視点「健やかに伸び伸びと育つ」，2つ目は，社会的発達に関する視点「身近な人と気持ちが通じ合う」，3つ目は，精神的発達に関する視点「身近なものと関わり感性が育つ」である。保育者は，乳児期ならではの特徴を意識しながら子どもの育ちをとらえていくことが必要である（第1章 p.16 図表1-5参照）。

1　0歳児クラスの生活

0歳児クラスの生活は，一人一人にあったリズムで展開される。特に，個人差が大きい時期であるため，同じ月齢であっても個々のリズムが尊重されることが重要である。最初は，まったく別々だった子どもたちの生活リズムは，一緒に過ごす間に，食事や睡眠の時間がだんだんとそろってくるようになる。

①「食べる」

0歳児は，授乳から離乳の開始に関わる時期である。人間にとって，「食

第7章 3歳未満児の保育内容

べる」ということは，単に，生きていくために必要な栄養を摂取するということだけではなく，人と一緒に食事をするときの楽しさを味わい，食事のマナーを身に付けるといった機会でもある。そのため，この時期に，子どもの「食べる」をどう考え，保育の中に位置づけていくのかを考えることが重要となる。

　乳児に授乳する際には，しっかりと目をあわせ，ゆったりとした雰囲気の中で，それぞれのペースで飲むことができるようにする。生後5～6か月になると，離乳食が始まる。乳児にとって，ミルク以外のものが口の中に入ってくることは，驚きや違和感，戸惑い等を感じさせる体験である。信頼できる保育者が，乳児の反応を見ながら，無理をしないで進めていくことが大切である。離乳が進むと，好き嫌いが激しくなったり，遊びながら食べたり，子どもが自分で食べたがったりするようになってくる。大人が「食べさせてあげる」段階にあっても，食べる主体は子どもであることを尊重し，自分で食べたい，食べるのが楽しいという気持ちになれるように関わるようにしたい。

②「眠る」

　0歳児で保育園に入園してくる子どもは，月齢や家庭での生活リズムによって，睡眠時間が異なっている。おなかが空くとぐずって泣き，授乳してもらうと満足して眠る。だんだん目覚めている時間が長くなり，睡眠の時間も決まってくる。

　入眠の時には，子どもが眠くなってきたことを保育者が察知し，安心して眠ることができるように環境を整えることを考えたい。部屋の明るさや温度・湿度等を調整し，気持ちよく眠れるようにする。睡眠中は，乳幼児突然死症候群（SIDS）[注1]に気をつけなければならない。保育園では，うつぶせ寝をさせない，午睡時には子どもが呼吸をしているか，顔色に変化がないか等を一定の時間おきにチェックする等してそのリスクを減らすようにしている。

　0歳児は，発達の個人差が大きいことは先に述べた。保育室の中には，寝ている子どももいれば，遊んでいる子どももいる。遊んでいる子どもの中にも，移動が自分でできない子どももいれば，歩いて好きなところに移動することができる子どももいる。いろいろな発達段階の子どもが同じ部屋の中で生活することになる。そのため，個々の子どもの生活を尊重するためには，部屋を仕切って空間を分けたり，子どもを小さいグ

ループに分けたりする等の工夫がなされている。

　また，保育者が担当制で保育をする園も多くなっている。担当制とは，特定の数名の子どもに対応する保育者を固定することを指す。担当制をとることのメリットとしては，子どもと保育者のアタッチメント形成がしやすいことが挙げられる。いつも同じ保育者が対応することで，子どもは自分の欲求にタイミングよく応えてくれる保育者に安心感を覚えるようになり，主体的に生活することにつながっていく。

2　0歳児クラスの遊び

　「遊ぶ」というと，おもちゃを使ったり，追いかけっこやかくれんぼ等，人と関わりながら遊んだりする場面が思い浮かぶかもしれない。そのような姿は，大人の考える「遊び」のイメージなのかもしれない。しかし，0歳児の遊びは，大人から見ると，遊んでいるように見えないものも多い。たとえば，自分の身体を使って「遊ぶ」こともあれば，手にもったものをひたすら投げて「遊ぶ」こともある。子どもにとって，遊びは，周囲の環境に自ら関わっていくことであることから，これらの行為も，子どもにとっては興味・関心のあることの探求，すなわち「遊び」であることを，保育者が十分に理解しておく必要があるだろう。

　ここでは，0歳児の遊びの特徴をいくつか紹介することにする。

①大人にあやしてもらって遊ぶ

　子どもが目覚めているときや機嫌のよいとき，大人は子どもと顔を合わせて声をかけたり，あやしたりする。これは，子どもにとって一つの「遊び」である。このように行われる遊びは，「ふれあい遊び」と呼ばれている。「ふれあい遊び」は，子どもが「楽しい」「おもしろい」という気持ちを大人と共有したり，声のやりとりをしたり，触れ合ったりすることで，アタッチメントの形成やコミュニケーションの発達においても重要な役割をもっている。保育の中でも，言葉がまだ出ない時期から，一対一の時間を大切にし，保育者が話しかけたりあやしたりして，子どもに働き掛けていくようにしたい。

　「ふれあい遊び」は，子どもの運動機能の発達を促すことにもつながる。たとえば，子どもを膝の上に乗せて，歌いながら上下に揺する「おすわりやすいすどっせ」等の遊びを通して，自分で身体のバランスをとることを覚えていくのである。

第7章 3歳未満児の保育内容

写真7-1 いないいないばあ①

写真7-2 いないいないばあ②

写真7-3 ちょちちょちあわわ

②自分の身体を使って遊ぶ

乳児期の子どもは、自分の身体を使ってよく遊ぶ。いろいろな声を出してみたり、指やこぶしを口に入れてなめたり、あおむけの姿勢で足を蹴り上げて動かしてみたりするのである。子どもにとって、これらも「遊び」であり、子どもが自分を知ることにつながっていく。

写真7-4 自分の身体で遊ぶ

③身体を動かして遊ぶ

生まれてから満1歳の誕生日を迎えるまでの間の子どもの身体の成長には、特に著しいものがある。子どもにとって、自分の意志で身体を自由に動かすことのできる喜びは大きく、動かせるようになると、もっと自分で動かしたいという欲求が高まる。そして、その機能は使えば使うほど発達していくことになる。

運動機能は、大きく2つに分けられる。一つは、粗大運動と呼ばれる全身を使った大きな運動である。もう一つは、微細運動と呼ばれる手指の細かい動きに関わる運動である。これらの運動機能は、子ども自身が興味・関心をもったものを探索しようとすることから生まれる行為によって発達が促されることから、環境構成や保育者の関わりが重要である。

・全身を使った遊び

寝返り、お座り、はいはい等、全身を使う動きは月齢が上がるにつれてますます活発になる。たとえば、目覚めて機嫌のよいときに、動くおもちゃや音のでるおもちゃを用意して、子どもの注意を引きつけ、寝返

りの動きをいざなうように関わってみよう。また，子どもが，目に入ったものに興味をもち，手を伸ばして触ろうとしたり，近づいてみようとしたりする気持ちが生まれるように，おもちゃを置く場所や高さに気を配りたい。

0歳児は，姿勢が大きく変化する時期である。保育者は，それぞれの子どもの姿勢を考えて，保育環境を考えるようにすることが求められる。たとえば，床にあおむけに寝て，上下，左右の視野の範囲を確認してみよう。お座りの姿勢ではどうだろうか。姿勢によって，視野が変わってくることが分かる。つまり，そのときの子どもの中心的な視野がどこにあるのかを知って，興味・関心をもてるようなものを設置しなければ意味がないことが分かる。

安全面にも十分に留意したい。保育者は，その都度，子どもの目の高さになり，誤飲するようなものが床に落ちていないか，危ない場所がないか等を確認し，安全に遊べる環境を整えることが必要である。前にも述べたが，この時期の子どもは，自分の身体が自分の思うように動くことが嬉しくて，その機能をいっぱいに使って活動する。昨日はできなかったことが，今日はできるということも珍しくない。「ここはまだ届かないから大丈夫だろう」と大人が考えていると，ひやりとするような出来事につながる場合も多いので，特に注意が必要である。

- **手指を使った遊び**

成長に伴って，手指を使ってものをつかんだり，引っ張ったり，つまんだりすることができるようになり，巧緻性が増す。最初は，自分が見ているものをつかもうとしても，うまくつかむことができない。しかし，生後5か月くらいになると，目と手の協応ができるようになり，見たものに手を伸ばしてつかむことができるようになるため，吊り玩具や握り玩具等を用意したい。

お座りができるようになると，両手が自由に使えるようになる。両手を使ってものに触れ，もち替えたりすることが可能になるのである。座った姿勢で引っ張ったり，はがしたりできる遊びを工夫したい。

写真7-5　うつぶせ

写真7-6　お座り

写真7-7　はいはい

写真7-8　つかまり立ち

第7章　3歳未満児の保育内容

　子どもは，手指を使って触れ，感じることによって身の周りのものに親しんでいく。月齢が低い時期から，様々な素材の感触の違いを感じることができるおもちゃや，手指の動きに適したおもちゃを工夫したい。生活の中で使用する用具や，自然の素材等にも触れる機会をもつようにすることも必要である。

　砂場の砂や，床や園庭に落ちているものを拾って手を汚したり，時期によってはそれを口にもっていったりすることもある。触ると危ないものに手を伸ばすこともあるだろう。このような場面に出会うと，どうしても，「危ない」「汚い」と言って禁止したり，制止したりしてしまいがちであるが，事前に安全面や衛生面の確認をした上で，できるだけやらせてあげるようにしたい。子どもの側に立って，何を楽しんでいるのか，何を達成したいのかを考え，それを実現するために必要な配慮や援助を考えていくことが重要である。

・探索遊び

　子どもにとって，自分でできるようになること，自分の意思で身体を動かせるようになることは，大きな喜びである。そのため，何度も繰り返し同じことをやってみる。自分の目の前にあるモビールのおもちゃを引っ張って動かして変化を楽しんだり，身の周りのものを触ったりなめたりする等，探索遊びが盛んになるのである。手を伸ばしてものに触ることができるようになったら，振る，たたく，引っ張る等，自分が働き掛けることで反応が見られるような遊具を準備するとよいだろう。探索することは，子どもが，事物の性質や扱い方を知ることにつながっていく。

　保育者は，子どもが身の周りの様々な事物に触れることができ，それをじっくりと自分のやり方で探索できるような環境を整えるように心がけよう。子どもが自分で遊びたいおもちゃを探して取りだせるように，片づけ方や場所にも気を配りたい。また，保育者が子どもの気付きに敏感に対応し，一緒に喜んだり，励ましたり，認めたりすることで，子どもの探索遊びは一層楽しいものになっていく。

3　0歳児の遊びを豊かにする保育環境

　0歳児は，子どもの月齢と発達の状況による個人差が大きい。個々の子どもの発達に応じた，きめ細かい保育環境の見直しが必要となってくる。

　ここでは，0歳児の保育環境のポイントとして4つの点を挙げたい。

1つ目は，0歳児の遊びには，保育者の存在が重要だということである。子どもと目を合わせ，スキンシップをとりながら遊ぶということだけでない。保育者が一人一人の子どもの興味・関心のあるものを理解して準備し，子どもに働き掛けることや，楽しい・おもしろいという気持ちを共有すること，「できた！」「見つけた！」等，子どもがその驚きや興奮を伝えたいと思って振り返ったり，目を上げたりしたときに，それを受け止めること等，その役割は大きい。

　2つ目は，保育室が，家庭と同じような環境であるようにすることである。遊具以外の生活用品等も置くようにし，家庭的な，くつろげる環境づくりを考える必要がある。

　3つ目は，子どものしたい遊びができるような環境を考えることである。0歳児の保育環境を考える際，一人一人が安心・安全に生活できるようにする必要がある。保育室の中に，まだ寝返りをしない子どももいれば，もう一人で歩き始めた子どももいるという状況もあるため，スペースの工夫や安全への配慮には特に気を配りたい。パーティション等を使って，空間を区切り，よく動きまわる子どもとのスペースを分ければ，けがや事故の危険は軽減される。また，個々の子どもの遊びの保障も考える必要がある。子どもが集中して何かで遊んでいるときには，他児にじゃまされることなくじっくり取り組めるように配慮してあげたい。

　4つ目は，一人一人の子どもの姿勢の変化に対応することである。首がすわったら，立て抱きにしたり，あおむけからうつぶせにしたり，膝の上に座らせてあげたりして視野を変えることで，子どもはこれまでとは異なる新しいものと出合い，世界が広がっていく。姿勢が変化したら，その姿勢でできる遊びや遊具の設置場所を考える。自分が興味をもったものを手に取り，触ることは探求心の充足や満足感・達成感のために重要であることはもちろん，興味があるものを手に入れようとする気持ちが動こうとする意欲につながり，子どもの運動機能をさらに発達させることにもなる。

第3節　1歳児の保育内容

　保育所保育指針（2017年告示）では，1歳児，2歳児それぞれの保育のねらいと内容が，年齢ごとに，そして5領域で示されている。それぞれの年齢で，おおよそどのような育ちが目指されているのかを理解した

第7章 3歳未満児の保育内容

上で，3歳児以降につながる保育内容を常に考えるようにしたい。

 1歳になる頃には，一人歩きができる子どもが増え，探索活動の範囲がより一層広がる。子どもにとって，自分の足で，自由に行きたいところに行かれるということは大きな喜びである。その喜びが原動力となり，0歳児のときよりもさらに活発な周囲への探求が始まるのである。自分が信頼する大人から離れて行動できる範囲も広くなり，その時間も長くなる。「自分」の力で，「自分」の発見や気付きを得ることを喜ぶようになるのである。それは，子どもにとって，有能感や自己肯定感を得ることにもつながる。

 この時期の大きな特徴の一つは，自我の芽生えが見られるようになることである。これまでは，大人が自分にしてくれることを素直に受け入れてきた子どもが，それを拒否して「自分」を強く主張してくるようになるのである。「この服を着ようね」といえば「イヤ！」，「片づけをしようね」といえば「ダメ！」と，大人の提案にことごとく反対しているように感じられるため，保護者にとっては「わがままになった」と感じられる場合がある。その結果，叱られたり，禁止されたりすることが増え，保護者とのぶつかり合いも絶えない。

 保育の場でも，友達への興味・関心が高まる中で，それぞれの子どもが自分を主張するようになることから，子ども同士のぶつかり合いも増える。何とか自分の主張を通そうとして，相手をかんだり，たたいたり，つねったりといった，一見すると攻撃的ともとれる行動が目立つようになるため，対応の工夫が必要な時期だといえるだろう。

 そもそも，自我の芽生えは，「自分」というものの存在を子どもが自覚し始めた証拠である。だからこそ，必死で「自分でやりたい」「自分はこうしたい」という意思を周囲に示そうとするのである。ここで子どもが主張した「自分」を，周囲の大人がどのように受け止めてあげるかを考えることが，子どもの自己を育てることにつながる。たとえば，子どもが「イヤ！」「ダメ！」と大人の提案を拒んでいる場面で，頭ごなしにわがままだと叱り，大人の言うとおりにさせるという対応をする方法がある。一方で，「○○ちゃんは，今はやりたくないんだね」「○○ちゃんが使いたいんだよね」と，子どもの気持ちを受け止めた上で対応する方法もある。子どもの立場になって考えれば，前者は，「自分の気持ちを分かってもらえていない」という気持ちになるだろうし，後者は，「自分の気持ちを分かってもらえている」という気持ちになるだろう。自分が理解されていると感じられれば，それは自信につながるだろう。理解

されていないと感じられれば，自分に自信をもてないだけでなく，理解
してくれない大人への信頼も築くことができないだろう。子どもが自己
を発揮し，自分に自信をもてるように育つために，保育者は，子どもが，
自分の気持ちを理解してくれていると感じられるような対応をすること
がひじょうに重要である。

1　1歳児クラスの生活

　1歳児になっても，発達の個人差は大きい。しかし，子どもたちの食
事や睡眠のリズムが合ってくるため，みんなで一緒に行える活動も出て
くる。一方で，自己主張の強い時期であるにもかかわらず，生活習慣を
身に付けていくことも求められるため，保育の中での工夫が必要である。

①「食べる」

　1歳3か月頃になると，離乳が完了し，幼児食へと移行していく。ス
プーンをもって食べたり，コップから飲み物を飲んだりし，自分で食べ
る意欲が旺盛になる。テーブルや床が汚れたりするが，子どもの食べる
意欲を尊重することが，自分で食べられる喜びを味わい，主体としての
自分を意識することにつながっていく。

②「眠る」

　午前と午後の2回だった午睡は，午後の1回になり，睡眠時間も定まっ
てくる。子どもが，気持ちよく入眠し，気持ちよく起きられるようにす
るための配慮が求められる。布団を敷く場所を決めたり，個々の子ども
が眠りに入るルーティーンを尊重したりすることで，子どもは心地よく
眠りにつくことができる。また，子どもが自分の力で眠りに入れるよう
に個々の子どもに適した関わりを考えるようにしたい。

2　1歳児クラスの遊び

　1歳児は，歩行により移動が自由になる。手指の動きが分化し，微細
な動きが可能になってくる。しかし，興味・関心が先行し，体の動きが
ついていかなかったり，周りが見えなかったりするため，保育者の配慮
が必要である。
　この時期は，子どもが遊びの中で，自分で様々なものに触れ，その感

第7章 3歳未満児の保育内容

触を楽しみ，興味をもったものを探求する中で，物の性質や使い方を知っていく時期である。大人から見ると，「汚い」「ムダだ」「危ない」と思えることが好んで行われることになる。しかし，保育者同士，また，家庭とも協力して，禁止したり叱ったりせずに，子どもが思う存分遊びに取り組める環境を整えるようにしたい。

①身体を使った遊び

1歳を過ぎると，歩行が完成する。子どもにとっては，歩くこと自体が遊びであるため，のびのびと動けるような環境づくりが必要である。

この頃の子どもは，自分のもっている力を大いに発揮して行動し，チャレンジ精神も旺盛である。傾斜のあるところを歩く，階段の上り下りをする，トンネルをくぐる，段差のあるところを歩く，等が思い切り行えるように工夫する必要がある。あるときは裸足で，あるときは靴をはいて，床の上や道路の上，砂利道や草の上等，いろいろなところを歩き，足全体でその感触を味わえるように，活動場所も広げてあげるようにしよう。

②手指を使った遊び

親指と人差し指で，小さなものを上手につまむことができるようになる。ストロー落としや，マジックテープ，スナップ，ボタン等を留めたりはずしたりできるような遊具，パズルボックスや型はめ等のおもちゃが好まれる。道具を使って容器の中のものを出し入れする，別の容器に移しかえる等の遊びも盛んに行われ，ままごとをしていても，動作が多様になってくる時期である。

指先に力を入れることができるようになり，回す，重ねる，ねじる等の動作もできるようになる。また，ペンやクレヨンでなぐり描きも楽しめるようになる。

写真7-9　手指を使った遊び①

写真7-10　手指を使った遊び②

③探索遊び

水道の蛇口をひねって水を出しっぱなしにする，財布の中のお金を全部出して並べる，虫の巣穴に手を入れたりする姿が見られる。また，物をたたいたり，投げたりする遊びを盛んに行う。大人から見ると，そのような遊び方は乱暴な行為に見えたり，ムダなことをしているように映ったりするかもしれない。しかし，子どもの側から見れば，たたくものによって音が違ったり，投げたものの動きに変化が見られたりすることはとても興味深いことであり，さらに探求心が深まる。遊びの中で見られる子どもの行為に対する大人の理解と見守りが必要となる。

④感触を味わう遊び

子どもは，様々な感触を味わう遊びをすることで，感覚が豊かになっていく。遊びの中で，「さらさら」「べとべと」「ざらざら」「ねとねと」「すべすべ」等，多様な感触を味わえるようにしたい。水遊びや泥遊びをしたり，粘土や絵の具に触ったり，のりを使ってつくったりする遊びを十分にできるような保育の展開を考えたい。

⑤見立て遊び

「見立て遊び」や「つもり遊び」が見られるようになる。ブロックを電車に見立てて遊んだり，お母さんになったつもりで遊んだりする。大人がすることをよく見ていて，模倣するようにもなる。電話をかけるまねをしたり，赤ちゃんの人形を抱っこしてミルクをあげたりする姿も見られる。この時期の「見立て遊び」は，その後「ごっこ遊び」に発展していくことになる。

部屋の中にコーナーをつくり，テーブルを置く等すると，生活を再現する遊びが展開されるようになる。保育室には，おもちゃだけではなく，シャンプー等の空き容器，使わなくなった携帯電話，日用品等も用意してあげたい。段ボールが一つあれば，電車にも，家にも，お風呂にもなる。廃品の利用も積極的に考えるとよい。

写真7-11　大人のまねをする

遊びの中で，子どもが何かになったつもりでいたり，何かに見立てていたりするのを，保育者が的確に理解して言葉をかけたり，子ども同士の思いやイメージをつないだりすることが重要な役割となる。

151

第7章　3歳未満児の保育内容

⑥友達との関わり

　一緒に生活している友達に親しみをもち，関心が強くなる。友達の名前が分かり，呼びかけたり，友達のしていることに興味をもったりするようになってくる。好きな友達と同じ場所で遊びたい，一緒にいたいという気持ちも芽生える。友達がしている遊びをまねする姿も見られるようになる。

　一方で，子ども同士のぶつかり合いや物の取り合いも増える。友達に興味・関心はあっても，まだ，相手の気持ちを理解することはむずかしい。また，自分の気持ちを言葉で表現することができないため，たたく，かみつく，ひっかく等の行為で自己表現することが多い。大人が，子どもの動きや前後の場面とのつながりをよく見て，子どもの気持ちにそった援助をすることが必要となる。

3　1歳児の遊びを豊かにする保育環境

　1歳児で大切にしたいことは，自分の興味・関心をもったことを十分に探求できる時間と空間が保障されることである。そのためには，活動のスペースを分けるといった工夫も必要となる。ある程度，集団としての生活リズムができてくるが，依然として個々に応じた対応が基本となる。一人一人の子どもが，自分のリズムで無理なく生活できること，自分のしたい遊びをじゃまされずに集中できることを考えたい。そうすることで，ものの取り合いやかみつきを減らすことにもつながる。

　保育者から離れて活動するようになるとはいえ，子どもは目の端に保育者の姿を常にとらえながら行動している。また，保育者の共感や理解を求めて振り返ったり，探したりする場面も多い。離れたところで遊んでいても，自分がチャレンジしていたことができたときや，何かを発見したときに，子どもが保育者のほうを振り返ることはよくある。そのときには，子どもの気持ちにしっかり応えられるようにしたい。

　上述したことを考えると，保育室内のスペースを分けるといっても，保育者が見えなくなるような仕切り方は避けたい。保育者が子どもの様子を見渡せるようにするのは当然だが，1歳児の目線になったときに，保育者の存在が分かるようなパーティションの高さや位置になっているかどうかも気を配りたい。また，子ども同士の関わりも生まれ，他児のしていることへの興味や関心も高まる。そのため，お互いのしていることが見えたり，感じられたりするように工夫することも必要であろう。

また，子どもを小グループに分け，時間差で次の活動に促すようにすると，スムーズに行動することができ，子どものストレスも少なくなる。

第4節　2歳児の保育内容

　2歳児になると，走り回ったり，跳んだり跳ねたりと活発に動き回る。ちょっと高いところを見つけては，上って飛び降りるを繰り返したり，幅の細い板の上を渡ったり，はねてみたりする。また，手指の動きもますます巧緻性を増す。着替えの際に，集中して洋服のボタンをはめたりはずしたりする子どもも見られるようになる。

　この時期は，芽生えた自我が育っていく時期でもある。1歳後半から3歳にかけての時期は，「テリブル・ツー」といわれる。何でも「自分で」，「自分が」と主張し，大人の言葉を聞き入れず，頑固に言い張る。しかし，実際にやってみると自分ではできず，「やって」と言ってきたりするため，「やっぱりできないじゃない」と大人がイライラしてしまう場面が多い。大人にとっては，扱いづらく，子どもへの関わりのむずかしさを感じさせられる時期といえるだろう。しかし，子ども自身も「やりたい」という気持ちと，実際は自分の力ではできないという現実とのギャップの中で苦しんでいるということにも目を向けて，関わり方を考えるようにしたい。大人から見て，明らかにまだ一人ではできないことを自分でやりたいと主張することもあるだろう。結果としてできなかったとき，どのような関わり方をするだろうか。子どもの側に立って考えてみよう。「だから（できないと）言ったでしょう」といわれるのと，「がんばったね。今度はきっとできると思うよ」と言われるのとでは，子どもの気持ちは異なる。自分のやりたい気持ちを理解してもらえていると子どもが感じられるような関わりを心がけることが，子どもの自己を育てるためには重要なのである。

1　2歳児クラスの生活

　2歳児になると，保育園での生活の流れが分かり，自分でできることも多くなる。基本的な生活の流れは1歳児とほぼ同じであるが，午前の活動時間が長くなる。体力もつき，活発に活動するようになり，身に付き始めた基本的な生活習慣もますます自立に向かっていく。何でも自分

第7章 3歳未満児の保育内容

でやりたがり，自分で決めたことにこだわる時期なので，保育者の側の援助の工夫や丁寧な対応が求められる。保育の中でも，子どもが自分で選択して決めることができる場面をつくってあげるようにしたい。

自分で見通しをもって行動する力もついてくるため，遊びから食事，食事から睡眠といった流れが分かりやすいような室内環境を考えたい。

① 「食べる」

スプーンやフォーク等の道具を使って自分で食べることができるようになる。みんなで一緒にテーブルについて食事をすることができるようになるため，友達や保育者と会話を楽しむ姿が見られる。一方で，好き嫌いがあったり，食事に集中できなかったりする子どもも見られるようになる。

みんなでそろって食事をするようになると，保育者の側に，ある一定の時間の中で食事をさせなければという気持ちも芽生え，そのような子どもに対して「残してはダメ」「おしゃべりばかりしないでちゃんと食べようね」等と，注意を促す言葉が多く聞かれるようにもなる。しかし，この時期は，自分で食べられることを認めてもらったり，友達や保育者と一緒に食事をすることが楽しいと感じたりすることが最も重要である。食事の時間の過ごし方について，雰囲気づくりという点も含めて，保育者同士で話し合うようにしたい。

② 「眠る」

食事から睡眠への流れが分かり，食事が終わると，自分で午睡の準備をすることができるようになる。食事をしていても，仲のよい友達がパジャマに着替えているのを見て，「○○ちゃん待ってて。今食べ終わるから」等と声をかけ，早く食べ終えようとするといった姿も見られる。

体力がついてきているため，午前中に十分身体を動かすような活動をしていないと，なかなか眠れないこともある。午前中の活動内容について，検討することが必要である。また，寝つきがよい子どももいれば，悪い子どももいる。睡眠時間の個人差も大きい。一日の生活リズムの中で，しっかり睡眠をとってほしいという思いから，どうしても睡眠に追い立てるようになるのもこの頃からである。子どもにとっては，眠くなったときに自然に眠れるという流れが最も望ましいことは，年齢が高くなっても変わらない。保育者がしてくれるお話を聞きながら眠る等，ゆったりとした気持ちで眠くなるのを待つことができるような雰囲気づくり

を心がけたい。

3 2歳児クラスの遊び

全身を使った遊びが盛んになる時期である。道具を使って遊ぶことを楽しむ子どもや，園庭や公園の固定遊具で遊ぶことを好む子どもが多くなる。運動量も増えるため，思い切り身体を動かせる広いスペースが必要となる。戸外に散歩に出かけたり，思い切り走れる公園等の保育室外の場所を利用したりして，身体を動かしたい欲求が満たされるようにしたい。

一方，室内では，一つの遊びにじっくり集中して取り組む姿や，何人かの友達とまとまってごっこ遊びを楽しむ姿も見られる。個々の遊びに集中できるようにすることももちろん，ごっこ遊びが展開するような空間のつくり方を工夫することが必要である。また，友達のしていることに関心をもてるようにしたり，同じ場で遊んでいる子ども同士の遊びをつなげたりする保育者の援助も重要になってくる。

遊びの中で，物や人をめぐってのトラブルや，思いの違いによるトラブルが増える。大人はどうしても，「取り合いはダメよ」「貸してあげましょうね」等と自己主張を抑える方向に援助しがちになる。しかし，社会性の発達を考えると，まずは，自分の思いが大切にされることが重要であろう。自分の思いが大切にしてもらえたという満足感が，ほかの子どもの思いに目を向けさせることにつながる。

ものごとへの興味・関心が継続できるようにもなるため，保育の中でも，散歩のときに見つけてきたどんぐりや木の葉等を室内での制作遊びに使ったり，園庭で見つけただんご虫を室内の飼育箱で飼育したりと，園生活の中で子どもの興味・関心の継続を視野に入れた保育内容を検討することも必要になってくるだろう。

①身体を使った遊び

走る・跳ぶ・ボールを蹴る等，身体の動かし方がますます巧みになる。走っていて立ち止まる，走りながら角を曲がる等，動きのコントロールも上手にできるようになる。追いかけっこやかくれんぼ等も楽しめるようになり，遊びのバリエーションが豊かになる。

2歳児の後半になると，三輪車をこいだり，平均台の上を，バランスをとりながら渡ったりすることもできるようになる。

第7章 3歳未満児の保育内容

②手指を使った遊び

　指先を器用に動かすことができるようになり，道具も上手に使えるようになってくる。ビーズをひもに通す，はさみを使って紙を切るといった姿が見られたり，粘土や砂場の砂，折り紙とのり等を使って，自分で何かをつくり出そうとする姿も見られる。危ないからと禁止するのではなく，大人が見ているところで安全を確保しながら行えるようにしたい。

③ごっこ遊び

　1歳児で見られる見立て遊びでは，自分だけのイメージで遊んでいるため，同じ場所で同じように遊んでいたとしても，別々に自分の世界を楽しんでいるだけで，友達とイメージや文脈を共有することはできなかった。しかし，2歳を過ぎる頃から，お互いの役割を決めて行うごっこ遊びが見られるようになってくる。お母さんごっこ，お店屋さんごっこ，お医者さんごっこ等，自分の経験を再現しながら楽しんで遊ぶようになる。

　ごっこ遊びで何かの役になりきることは，その人の立場や気持ちを理解するきっかけにもなる。つまり，相手の身になってそれらを想像することができるようになるのである。

　保育者は，子どもの役割分担や，場所の使い方を整理しながら見守るようにしたい。異なった場所で，違ったごっこ遊びが展開していることもあるので，保育者がそれぞれの遊びに入り，つなげるようにすると，徐々にストーリーが生まれ，子ども同士のやりとりも見られるようになってくる。

④友達との関わり

　友達と一緒にいることが楽しく感じられるようになり，徐々に遊びの中での関わりが豊かになる。気の合う友達ができ，「あの子と一緒にいたい」「一緒に遊びたい」と思う相手ができる。関わりたいと思う気持ちが様々な行動に現れるようになり，いつも同じ相手と一緒に行動するという姿が見られる。好きな相手，一緒にいたい相手ができることは，相手の思いや行動の意味に気付く機会となる。

　自分の思いを相手に伝えたり，相手の思いを理解したりすることはまだむずかしいため，引き続き保育者の援助が必要な時期である。ケンカやトラブルも多いが，3歳近くなると，相手の気持ちに気付いて行動する姿も見られるようになってくる。

このような姿が見られるのは，保育者の対応によるところが大きい。ケンカやトラブルが起こることを避ける，大人の判断で解決するということではなく，その都度，丁寧に子どもの思いを受け止め，相手にそれを伝えるようにしたい。

4　2歳児の遊びを豊かにする保育環境

　2歳児は，遊びの場所や種類が広がる。道具も上手に扱えるようになってくるため，遊び方も多様になってくる。子どもたちの興味・関心も多岐にわたり，保育者の子ども理解に基づく環境づくりが重要となる。また，子ども同士が関わり，一緒に遊べるようになることから，遊びの中でのトラブルが増える。2歳児クラスでは，友達との関わりを意識しながら，子どもの遊びが充実するような環境を整えることが必要になってくる。

　ごっこ遊びが盛んに行われるようになるため，保育室内でもコーナーをつくる等して，遊びのイメージがわきやすいような工夫をする。実物を取り入れたり，レイアウトを工夫したりすることを丁寧に考えたい。たとえば，ままごとコーナーを考えてみよう。調理道具等がすべて収納されているよりは，フライパンや鍋がコンロに置いてあり，テーブルの上には料理ののった皿がおいてあるほうが，ここで何をして遊ぶのかがイメージしやすい。その遊びに必要な道具や遊具がそばにあることも遊びの充実につながるため，遊具の種類や数，その設定場所も考えたい。

　何かに見立てやすい遊具は人気が集中し，数が足りないと取り合いが起こりやすい。子どもの遊びを見て，ある程度の数を準備しておいたり，一か所ではなく，複数に分けて置くようにしたりする等の工夫をしたい。また，せっかく遊ぼうと思っても，使いたいものがそばになければイメージを形にすることができない，どの遊具がどの遊びに使われるかを把握しておくことも必要であろう。自分で必要なものを選んで使えるように，使い終わったら片づけやすいようにということを念頭に置いて，保育室内の環境を考えていくようにしたい。

第7章 3歳未満児の保育内容

① 3歳未満の子どもの，保育園での生活を時間の流れに沿って記録し，園によって，年齢によってどのような違いがあるか話し合おう。

② 3歳未満の子どもの，「食べる」「眠る」「遊ぶ」場面を観察し，記録しよう。

1　年齢ごと，時期ごとに特徴をまとめよう。

2　それぞれの場面での保育者の援助活動の意図を話し合おう。

③ それぞれの年齢ごとに，全身を動かす遊び，指先を使う遊びにはどのようなものがあるか挙げよう。また，それらの遊びが楽しく行えるようにするための環境設定の工夫について考えよう。

④ それぞれの年齢ごとに，子どもの発達や生活リズムの特徴に応じた保育室内の環境について話し合い，環境図を作成してプレゼンテーションをしよう。

〈注〉
注1　乳幼児突然死症候群（SIDS：Sudden Infant Death Syndorome）：生前はほぼ健康と考えられた乳児が突然予測に反して死亡し，死因となるべき所見が見出し得ないもの」と定義されている。

引用文献

- 今井和子監『0歳児の育ち事典――年齢別（教育技術mook　0・1・2歳児乳幼児の育ち事典1）』小学館，2009年
- 今井和子監『1歳児の育ち事典――年齢別（教育技術mook　0・1・2歳児乳幼児の育ち事典2）』小学館，2009年
- 今井和子監『2歳児の育ち事典――年齢別（教育技術mook　0・1・2歳児乳幼児の育ち事典3）』小学館，2009年
- 家庭的保育研究会編『家庭的保育の基本と実践――家庭的保育基礎研修テキスト』第3版，福村出版，2017年
- 汐見稔幸ほか編著『乳児保育の基本』フレーベル館，2007年
- 厚生労働省「保育所保育指針」2008（平成20）年告示
- 厚生労働省「保育所保育指針」2017（平成29）年告示
- 厚生労働省「保育所保育指針解説」2018（平成30）年
- 文部科学省「幼稚園教育要領解説」2018（平成30）年
- 内閣府・文部科学省・厚生労働省「幼保連携型認定こども園教育・保育要領」2014（平成26）年

参考図書

◎ 岩田純一『〈わたし〉の世界の成り立ち（認識と文化8）』金子書房，1998年
◎ レディ，V『驚くべき乳幼児の心の世界――「二人称的アプローチ」から見えてくること』佐伯胖訳，ミネルヴァ書房，2015年
◎ 吉村真理子著，森上史朗ほか編『0～2歳児の保育――育ちの意味を考える（吉村真理子の保育手帳2）』ミネルヴァ書房，2014年
◎ 吉村真理子著，森上史朗ほか編『3歳児の保育――新たな出会いと発見（吉村真理子の保育手帳3）』ミネルヴァ書房，2014年

第8章

「養護」について

　子どもを保育するに当たって、近年「養護」の部分はますます重要になってきている。長時間保育が増加している昨今においては、子どもが安心・安全に過ごすことができ、また家庭的で居心地のよい環境で生活できることは、以前にも増して大切であるといえるだろう。第8章では、保育における「養護」について、2017（平成29）年に改定された保育所保育指針を中心に、同年改訂された幼保連携型認定こども園教育・保育要領や幼稚園教育要領とも照らし合わせながら解説していく。また保育所保育指針の中で示されている「養護」の重要な視点である「生命の保持」と「情緒の安定」について、それぞれ事例を示しながら学びを深めていくこととする。

 ## 第1節　保育の場における「養護」

　保育の場における「養護」をどのようにとらえていけばよいだろうか。ここでは2017（平成29）年改定の「保育所保育指針」で示されている「養護」について考えてみよう。

1　保育所保育指針における「養護」

①「養護」と「教育」

　保育所保育指針の中には「養護」という言葉が何回も出てくる。最初に出てくるのは「第1章　総則」の「1　保育所保育に関する基本原則」の中の「(1) 保育所の役割」の中である。保育所の役割として4つの項目が掲げられているがそのうちの一つを以下に示す。

> イ　保育所は、その目的を達成するために、保育に関する専門性を有する職員が、家庭との緊密な連携の下に、子どもの状況や発達過程を踏まえ、保育所における環境を通して、<u>養護</u>及び<u>教育</u>を一体的に行うことを特性としている。（下線筆者）

　ここで「養護」と「教育」という言葉が示されているが、保育においては、この両者がバランスよく一体となって行われていることが大切で

第8章 「養護」について

ある。ただし年齢によって，あるいは保育の時間帯によって，そのバランスの重みは変わってくるかもしれない。

たとえば乳児期においては，「養護」の占める割合は多いだろう。まだ大人の手を借りないと授乳，排泄，睡眠といった生理的欲求を十分に満足させることのできない乳児にとって，これらを満たしてくれる保育者がいつもそばで見守っていてくれることはひじょうに重要なことである。この時期にこうした生理的欲求に応答してくれる保育者がいること，その保育者と信頼関係を築いていくことが，子どもたちの成長には欠かせないものであるからだ。そしてこうした応答的な関わりが十分に行われていくことで，情緒は安定してくる。

幼児期であっても「養護」は大切である。食事，排泄，睡眠といった生活習慣は徐々に自立してくるが，これらは一人一人の発育発達に合わせた対応が望まれる。また保育者が愛情をもって子どもたちと関わること，殊に子どもの思いや葛藤を受け止めることは，子どもの情緒の安定には欠かせないものである。

5歳児になると，就学を意識して「教育」の意味合いが強くなると考えられがちであるが，「養護」が軽視されるわけではない。子ども同士協力し合うことができるようになったり，自分の感情を言葉にすることが少しずつ上手になってきたとしても，それぞれの気持ちに丁寧に寄り添う養護的な関わりは重要である。「養護」と「教育」は常に一体的に行われるものであり，子どもの主体性や意図を保育者が理解し，子どもがどのように感じているか意識しながら寄り添う働き掛けが大切である。

また長時間保育が行われている保育所や認定こども園では，午前中の一斉に活動する時間帯では教育的側面が強く，午睡の時間やそれ以降の時間では，家庭的な雰囲気を大切にした養護的側面が強くなるかもしれない。一斉に活動する場面の中でも，その子どもの発達段階に合った遊びとして展開されるよう，保育者は教育的な関わりをするだろうし，その遊びを通して友達同士意見が分かれた際には，お互いの気持ちを保育者が十分に受け止めていくといった養護的な関わりもするだろう。またトラブルが生じてけがをしてしまった場合は，当事者同士の気持ちをそれぞれにケアしながら，けがの手当等も迅速に行わなければならない。これも養護的な関わりの一つであろう。

このように，保育においては常に「養護」と「教育」は一体的となって展開されるものであり，教育的側面が強い場面であっても，必ず養護的な関わり方が重要になってくるということを覚えておきたい。

② 「養護」をとらえる上での2つの視点

それでは，保育の場における「養護」は，どのようにとらえていけばよいのだろうか。

保育所保育指針における「養護」について考えてみよう。「第1章 総則」の「1 保育所保育に関する基本原則」の中の「(2) 保育の目標」の中で「ア 保育所は，子どもが生涯にわたる人間形成にとって極めて重要な時期に，その生活時間の大半を過ごす場である。このため，保育所の保育は，子どもが現在を最もよく生き，望ましい未来をつくり出す力の基礎を培うために，次の目標を目指して行わなければならない」としている。そしてその最初の項目の中で，

> (ア) 十分に養護の行き届いた環境の下に，くつろいだ雰囲気の中で子どもの様々な欲求を満たし，生命の保持及び情緒の安定を図ること。（下線筆者）

と謳っている。

さらに「2 養護に関する基本的事項」の中では、養護の理念について以下のように述べている。

> 保育における養護とは，子どもの生命の保持及び情緒の安定を図るために保育士等が行う援助や関わりであり，保育所における保育は，養護及び教育を一体的に行うことをその特性とするものである。保育所における保育全体を通じて，養護に関するねらい及び内容を踏まえた保育が展開されなければならない。（下線筆者）

つまり保育所保育指針においては，子どもの「生命の保持」及び「情緒の安定」という2つの視点から「養護」をとらえており，さらには養護と教育を一体的に行うことが重要であることが分かる。そして「(2) 養護に関わるねらい及び内容」の中で，この「生命の保持」と「情緒の安定」の2つの視点について，それぞれ「ねらい」と「内容」を示している。

ここではまず「生命の保持」についてのねらい及び内容を見てみよう。

> **ア 生命の保持**
> (ア) ねらい
> ① 一人一人の子どもが，快適に生活できるようにする。
> ② 一人一人の子どもが，健康で安全に過ごせるようにする。
> ③ 一人一人の子どもの生理的欲求が，十分に満たされるようにする。
> ④ 一人一人の子どもの健康増進が，積極的に図られるようにする。

第8章 「養護」について

> （イ）　内容
> ①　一人一人の子どもの平常の健康状態や発育及び発達状態を的確に把握し，異常を感じる場合は，速やかに適切に対応する。
> ②　家庭との連携を密にし，嘱託医等との連携を図りながら，子どもの疾病や事故防止に関する認識を深め，保健的で安全な保育環境の維持及び向上に努める。
> ③　清潔で安全な環境を整え，適切な援助や応答的な関わりを通して，子どもの生理的欲求を満たしていく。また，家庭と協力しながら，子どもの発達過程等に応じた適切な生活のリズムがつくられていくようにする。
> ④　子どもの発達過程等に応じて，適度な運動と休息を取ることができるようにする。また，食事，排泄，衣類の着脱，身の回りを清潔にすることなどについて，子どもが意欲的に生活できるよう適切に援助する。

このように見てくると，子ども一人一人が，健康で安全に過ごせることが大切であり，家庭等と連携しながら子どもの疾病や事故防止に努めることが「生命の保持」としてとりあげられていることが分かる。最近では，様々な疾病を抱えている子どもを保育することも増えてきており，生命なくして保育は成り立たないことから，どんな子どもにとっても，「生命の保持」は最優先課題ともいえる。しかしながら，ただ安全に配慮していればそれでよいというわけではなく，安全・安心に留意しながら保育しつつ，子どもの主体性を育み，また次に述べる「情緒の安定」にも配慮していくことが重要である。また，生理的欲求が十分に満たされることや，さらには適切な生活のリズムをつくりながら健康増進が図られること等も「生命の保持」の中に掲げられている。

ではここで，もう一つの視点である「情緒の安定」についてのねらい及び内容を見てみよう。

> **イ　情緒の安定**
> （ア）　ねらい
> ①　一人一人の子どもが，安定感をもって過ごせるようにする。
> ②　一人一人の子どもが，自分の気持ちを安心して表すことができるようにする。
> ③　一人一人の子どもが，周囲から主体として受け止められ，主体として育ち，自分を肯定する気持ちが育まれていくようにする。
> ④　一人一人の子どもがくつろいで共に過ごし，心身の疲れが癒されるようにする。
>
> （イ）　内容
> ①　一人一人の子どもの置かれている状態や発達過程などを的確に把握し，子どもの欲求を適切に満たしながら，応答的な触れ合いや言葉がけを行う。
> ②　一人一人の子どもの気持ちを受容し，共感しながら，子どもとの継続的な信頼関係を築いていく。

③ 保育士等との信頼関係を基盤に，一人一人の子どもが主体的に活動し，自発性や探索意欲などを高めるとともに，自分への自信をもつことができるよう成長の過程を見守り，適切に働きかける。
④ 一人一人の子どもの生活のリズム，発達過程，保育時間などに応じて，活動内容のバランスや調和を図りながら，適切な食事や休息が取れるようにする。

「情緒の安定」では，子ども一人一人の気持ちを大切にし，共感しながら信頼関係を築いていくことや，子どもが主体として育ち，自己肯定感が育まれるよう援助していくこと等が示されている。さらにはくつろげる環境で心身の疲れが癒されることも含まれる。一人一人の子どもの生活のリズムに応じて対応していくこともとりあげられている。

　以上のように，保育所保育指針の中では，「養護」を「生命の保持」と「情緒の安定」という2つの視点からとらえていることが分かる。そしてそれらに対して，それぞれねらいや内容を掲げているが，一人一人の子どもの発達過程や個人差等により，さらにきめ細やかな配慮が必要となってくる。今回の保育所保育指針の改定では，乳児，1歳以上3歳未満児，3歳以上児と，年齢区分を細かくすることで，発達に応じたねらい及び内容が提示されている。それぞれの年齢によって視点が多少異なるが，いずれの年齢においても「養護」的な関わりは重要であり，あわせて「養護」と「教育」が一体となって保育が展開されることが大切であることを理解しておこう。

2 幼保連携型認定こども園教育・保育要領における「養護」

　ここで，少し「幼保連携型認定こども園教育・保育要領」における「養護」についても考えてみよう。今後増加が期待される幼保連携型認定こども園であるが，2017年に改訂された幼保連携型認定こども園教育・保育要領においても，養護的な部分は重要であることが分かる。
　実は幼保連携型認定こども園教育・保育要領の「第1章 総則」の「第3 幼保連携型認定こども園として特に配慮すべき事項」では，「5 生命の保持や情緒の安定を図るなど養護の行き届いた環境の下，幼保連携型認定こども園における教育及び保育を展開すること」と謳われており，その中の各項目は，前述した「保育所保育指針」の「(2) 養護に関わるねらい及び内容」から取り入れられている。つまり「養護」に関しては

第8章 「養護」について

保育所保育指針の考え方を踏襲しながら作成されたことが分かるであろう。

3 幼稚園教育要領における「養護」

では「幼稚園教育要領」において，「養護」はどのようにとらえられているのであろうか。実は幼稚園教育要領の中には「養護」という文字は出てこない。しかしながら，その「第1章 総則」の中で，「幼児は安定した情緒の下で自己を十分に発揮することにより発達に必要な体験を得ていくものであることを考慮して，幼児の主体的な活動を促し，幼児期にふさわしい生活が展開されるようにすること」と示しているように，これまで述べてきた「養護」の考え方と重なる部分が十分にあることが理解できる。「養護」という言葉は使用しないまでも，子どもの気持ちに寄り添い，子どもの主体性を大切にした関わりの重要性について述べられていたり，健康管理や生活リズムの大切さ等についても言及しており，ここでも養護的な関わりは必要であると考えることができるだろう。

第2節 生命の保持

ここまで「保育の場における「養護」」について，保育所保育指針，幼保連携型認定こども園教育・保育要領，幼稚園教育要領をもとに考えてきた。いずれにしても子どもを保育する際には，「養護」的側面が重要であることが理解できたであろう。そこで，ここからはさらに理解を深めるために，事例をとりあげながら解説してきたい。第2節以降は，保育所保育指針において「養護」をとらえる2つの視点に則して学びを深めていくことにする。まずは「生命の保持」について見てみよう。

1 保育者は子どもの様子の変化の第一発見者

保育者は，常に子どもたちのそばで，それぞれが快適に過ごせるよう，子ども一人一人の平常の状態をしっかり把握しておくことが重要となる。それは，一人一人の発育・発達の状態だけでなく，その子どもの性格や常日頃の体調等も含み，ふだんのその子どもの状態を正確に把握しておくことが必要である。それによって「いつもとちょっと違う」と

いう変化に気付くことができる。その「ちょっとした変化」を保育者は見逃してはいけない。保育者は，子どもの様子の変化の第一発見者となることを念頭に置き，いつもと違う様子に対して，どのように対応すべきかを学び，行動できるようにしておく必要がある。

　また「生命の保持」という観点からいえば，体調不良等に関しては年齢が低ければ低いほど，速やかな対応が必要となる。3歳未満児，特に乳児に関しては，容態が急変しやすいので注意を要する。

　昨今，乳児の預かり保育の需要の高まりに伴い，保育所には体調の急変に対応できる専門職として看護師等の配置が求められてきており，2015（平成27）年には「児童福祉施設の設備及び運営に関する基準」の一部改正に伴い，乳児4人以上を入所させる保育所では，保育士，看護師だけでなく准看護師も，1人に限って保育士とみなすことができるとされたところである。しかしながら，これは「みなし保育士」としての一員であり，看護職を保育所に常駐させることを国として義務づけているわけではない。また保育所にたとえ看護師等が配置されていたとしても，長時間保育の保育時間中いつでも必ず勤務しているとは限らない。また場合によっては，2～3園に1人の割合で看護師等が巡回している場合もある。やはり常に子どもの一番近くにいる保育者が，子どもの様子の変化にいち早く対応できるようにしておく必要があるだろう。

　なお特に既往がある子どもに対しては，園で症状が悪化した際にどのように対応すべきかを，入園時に保護者とよく話し合っておく必要がある。

　最近では食物アレルギーのある子どもも多く，年齢が低いほど有症率も高い。「食物アレルギーの診療の手引き2014」によれば，我が国における食物アレルギーの有症率は，乳児（0歳児）では約10％，3歳児で約5％という調査結果も報告されている[1]。これに従えば，0歳児では10人に一人，3歳児では20人に一人の食物アレルギー児がいるということになる。特に食物アレルギーに関しては，ケースによっては生命の危険を伴うこともあるので，家庭とよく連携し，保護者や主治医の意向を取り入れながら，看護師，栄養士，調理員，ときには園医にも相談しつつ，園での対応について綿密に確認しておく必要がある。

　以下に，大豆アレルギーのある3歳児女児の事例について，筆者が保育者より聞き取った内容を記す。

第8章 「養護」について

事例1

　私は３歳児のRちゃんの担任をしていました。Rちゃんは入園当初から大豆アレルギーがあり，日頃から保護者と連絡を取り合い，事前に給食の献立表のチェックをしていただいたり，ふだんの給食の配膳の際もトレーの色を変えたり，調理員と保育士でしっかり声に出して代替食について確認する等，アレルギー事故を起こさないように細心の注意を払っているつもりでした。

　ところがある日，おやつにきな粉もちが出た日に，Rちゃんの容態が急変してしまったのです。もちろん，きな粉は大豆からつくられているので，Rちゃんには別のおやつが用意されていました。調理員と声をかけ合って，Rちゃん用に準備されたおやつを受け取り，まちがいなくRちゃんのテーブルに配膳しました。Rちゃんがまちがえて食べることがないように，私もそばについていました。でもおやつの時間が終わる頃になって，Rちゃんの様子が少しおかしくなってきました。顔や体が少し赤くなり，なんとなく元気がありません。「Rちゃんがまちがえてきな粉もちを食べてしまったのだろうか」とか「まちがえて配膳したのでは？」といったやりとりがありました。私は，どきどきしながら，「いえ，まちがいなくRちゃん用のおやつを配膳しましたし，これしか食べていません」と答えるのが精いっぱいでした。緊迫した雰囲気の中，園長先生はほかの保育士と共に確認し，「まちがえてきな粉もちを食べたわけではなさそうだけれども，この様子はアレルギー症状に見える」と判断し，急いで保護者に連絡を入れました。症状を保護者に伝えると，「すぐに手持ちの内服薬を飲ませてください」とのことでしたので，内服薬を飲ませて様子を見ました。保護者の方はすぐにお迎えに来られて，そのまま病院に連れて行ってくれました。

　結果はやはりアレルギー症状でした。Rちゃんはきな粉もちを食べなかったにもかかわらず，同じ部屋でお友達が食べたきな粉もちのきな粉が，空中にいくらか舞っていたために，そのきな粉に反応して症状が出たのだということが分かりました。Rちゃんの症状は，その後落ち着いたと聞き，安堵しましたが，つらい思いをさせてしまったことが本当に申し訳なく，「もしものことがあったら……」と思うとぞっとしてしまいます。

　私たち保育士も，口に入れるものには十分気を付けていましたが，本人が食べなくても場合によっては症状が出ることがあることまで気が回りませんでした。保護者の方には謝罪するとともに，今後は口に入れな

くても症状が出ることがあることを念頭におき，通常の献立の内容にも反映させることを約束しました。

　この事例のように，アレルギー対応に関しては複数の保育者や調理員等で確認に確認を重ねていても，アレルギー反応を起こしてしまうこともありうる。口に入れなくても，皮膚についたものや吸い込んだものからアレルギー反応がおこることもあるため，食事中だけでなく一斉に行う活動等においても十分な配慮が必要である。たとえば乳アレルギーのある子どもがいる場合には，牛乳パックではなく，ジュース等のパックを使用したり，小麦アレルギーの子どもがいる場合には，小麦粉粘土の使用を控える等，ふだんの保育内容においても気にかけておきたいものである。
　またこのケースでは，保護者との信頼関係がもともとしっかり築けていたこと，子どもの事態の変化にいち早く気付いた保育者が，保護者にすぐ連絡を取る等，迅速に対応したこと，園で起きた出来事を正直にすべて伝えて謝罪したこと，結果として大事に至らなかったこと等から，クレームのような事態にはならなかった。子どもを安全に預かるためには，子どもの容態の変化を的確に把握し，適切に対応することとともに，園での出来事を正直に話すことが大切である。そして保護者と常にコミュニケーションを密にとり，お互いの信頼関係を構築しておくことが重要である。またこのような「ヒヤリハット事例（もう少しで事故になるところであったというような，ヒヤリとしたりハッとした事例）」を，ほかの保育施設とも共有し，次に同じことが起きないように情報を共有していくことが求められる。

2 保育事故をなくすために

　保育の場において，いわゆる「赤ちゃん」と呼ばれる年齢の子どもを預かる場合，様々な配慮が必要になる。自分では危険かどうかの判断ができず，また自分で体調管理することもできない年齢の子どもにとっては，身近にいる保育者が子どもの様子を十分に観察して応答していくことが求められる。
　保育の場で最も避けなければならないのが「子どもの死」である。保育中に死亡事故は決してあってはならない。しかしながら実際には，保育中に死亡事故が起きている現状がある。
　2017年5月に内閣府子ども・子育て本部が公表した教育・保育施設等における事故報告集計によると，2016（平成28）年4月1日から12

第8章 「養護」について

月31日の期間内に報告のあった事故は全部で875件であり，そのうち死亡事故は14件発生している。その約半数の7件は0歳児であった[2]。また14件の死亡事故のうち睡眠中が10件であり，睡眠中の事故を防ぐことが重要であることが分かる。保育施設内で子どもが午睡する際には，保育者は定期的に呼吸や体位，睡眠状態を点検することが望まれる[3]。さらには，万が一呼吸停止等の異常が発生した場合は，所長や副所長を交えて判断し，救急車を要請するとともに，一刻も早く一次救命処置を行う必要がある。子どもの「生命の保持」を全うするためには，いざというときの瞬時の判断と，応急手当の熟練が欠かせない。

睡眠中の突然死を避けるためにも，うつぶせで寝かせないことが大切である。必ず顔が見える状態で寝顔を確認し，体に触れることで異常に気付くようにしたい。何より，寝ている子どもを一人にしないことが大事である。また保育施設での睡眠中の突然死は，当日の体調不良や，なんらかの感染が引き金になっている可能性が報告されている[4]。また預かり初日から1週間以内に亡くなるケースが多く報告されている[5]こと等から，体調不良時や，預かり始めの不慣れな環境への不適応が，突然死の危険因子となる可能性も考慮しておくべきであろう。誰しも，新しい環境に慣れるまでは緊張を伴うものであるが，乳幼児も同じであることを念頭に，入園当初はより細やかな配慮が必要であることを認識しておきたい。

食事中も十分な配慮が必要である。乳児に食事を介助する際は，一人一人の子どもの一口に合った量を与え，「おいしいね」等と声をかけながら楽しい雰囲気でゆったりと落ち着いて食べるようにしたい[3]。子どもが「ごっくん」と飲み込んだことを確認しながら，子どもの意志に合ったタイミングで与えるように配慮したいものである。

また万が一誤嚥が発生した際は，迅速な対応が必要となる。咳が出るのは，少しでも呼吸ができている状態を意味するので，本人の咳き込みにまかせて背中を軽くたたいたり，さすったりするとよい。気管まで入った場合は背部叩打法等を用いて取り除かなければならない[3]。

ここでは，筆者が保育者から聞き取った，園で実際に起きた4歳児男児の窒息未遂事故についての事例を挙げることにする。

事例2

4歳児のKくんは，その日は下痢気味で，なんとなくすっきりしない体調でした。食欲もあまりなかったので，その日の給食のメニューであ

るりんごなら食べられるのではと思い，りんごを薄切りにしたものを出しました。いつもなら4歳児ですから，りんごは8等分したものをそのままお皿に載せるのですが，その日は食欲のない様子だったので，8等分にしたりんごを，さらに調理員さんにお願いして薄くスライスしてもらったのでした。そのほうが食べやすいと思ったからです。

　しかしこの薄くスライスしたりんごをいくつか食べた瞬間，Kくんは急に苦しそうにもがき始めました。スライスしてあったりんごが，ちょうど喉にはりついてしまったのです。苦しそうに咳き込みながら青ざめていくKくんに，頭を下に向けてもらい，背中をさすったり，たたいたりしました。なんとか「オエッ」という音とともにりんごを吐き出してくれたので，口の中にあった残りのりんごもかき出しました。ほどなくKくんはふだんどおりの様子に戻り，青ざめていた顔色も徐々に赤みを取り戻しました。あんな恐ろしい経験は，後にも先にもあの1回きりですが，本当に怖かったです。保護者にもその日にあったことを伝え，深くお詫びしました。怖い思いをさせてしまって，Kくんにも本当に申し訳なかったと思います。それ以来，りんごをスライスする際は，薄くしすぎないように気を付けることを園長先生が周知してくださいました。大事に至らなくて本当によかったですが，改めて子どもの尊い命をお預かりしていることの重みを感じた日となりました。

　この事例では，幸い心肺停止にならなかったため，一次救命処置をする必要はなかったものの，子どもがいざというときに，いつでも対応できるよう，繰り返し研修を積んでおくことが必要である。一度学んでいても，繰り返し練習しておかないといざというときに対応できないものである。子どもを安心・安全に保育するためには，このような「いざというとき」にすばやく対応できる術を身に付けておくことが必要である。
　2015（平成27）年に施行された子ども・子育て支援新制度では，教育・保育施設等の事業者は，事故が発生した場合の対応等が記載された事故発生防止のための指針を整備するよう示されている。それを受けて，2016年には，「教育・保育施設等における事故防止及び事故発生時の対応のためのガイドライン」が作成されたところである。これは，「事故防止のための取組み――施設・事業者向け編」「同――地方自治体向け編」「事故発生時の対応――施設・事業者，地方自治体共通編」の3部構成となっている[6]。適宜，安全管理について見直しておきたい。

第8章 「養護」について

3 家庭との連携を密に

　1で，保育者は子どもの様子の変化の第一発見者であることを述べた。また2では，生命の危険から子どもを守る大切さを述べた。3では日常の体調管理について考えていきたい。

　実際，生命が危険にさらされるほどの状況に遭遇することは，そう多くはないかもしれないが，日々の保育の中で子どもが体調を崩してしまうことはよくある。保育者は，常に子どもの体調の変化には最大限の注意を払う必要がある。そのときに大切になるのは，子どもの平常の様子をよく把握しておくことである。まずは「○○ちゃん，いつもとちょっと違う」と感じることができるかどうかが重要なポイントとなる。「いつもより咳き込んでいる」「いつもより顔が赤くてなんとなくだるそう」「いつもしっかりしているのに，今日はなんとなく甘えてくる」といった子どもの小さなサインを見逃さないようにしたい。

　と同時に，子どもの体調を良好に保つためには，家庭との連携を密に取り合い，情報を共有していくことも重要である。朝登園してきたときに，そのときの様子を感じ取ったり，前日の様子を保護者から聞き取ることも大切な仕事である。もし体調になんらかの不安があるようであれば，日中の園生活の中でも，無理なく楽しめる活動をしながら過ごすことを考えなければならないだろう。また逆に保育中に保育者が感じた子どものちょっとした変化を保護者に伝えることで，子どもの体調を崩さずに済むこともある。ここでは，そんな事例をとりあげることにする。

　1歳6か月児の男児の母親から筆者が聞き取った内容を以下に記す。

事例3

　保育園の先生方には，本当にいつも感謝してもしきれないくらいお世話になっているんです。この間も，担任のW先生の一言のおかげで，Tは熱を出さずに済みました。

　Tは，少し寒くなってくるとよく鼻水を出します。それがしばらく続くと熱を出してしまうことが多いのですが，ある日いつものようにお迎えに行くと，担任のW先生から，「もし明日，お休みできるようなら休んであげられると，本格的に風邪をひかずに済みそうなんだけど」と言われました。Tは日中，いつもより鼻水が多かったようで，このままいくと熱を出すかな，という不安がW先生の中にあったのだそうです。実は，その翌日はどうしても大事な仕事があり，休めそうになかったので，

そのことをW先生に正直に伝えてみました。するとW先生は，「子ども
にとって「寝る」ことは本当に大切だから，お母さん，今日はとにかく
いつもより1時間早く寝かせてあげて。これまでも，体調が悪くなりそ
うだなと思ったときに，いつもより早く寝かせてあげることで，体調を
崩さずに済んだお子さんはたくさんいるの。今日，いつもより1時間早
く寝かせてあげたら，明日は元気にTくんを連れてきてください。私た
ちが園でしっかり体調をみますから。お母さんは明日，しっかり仕事し
て来たら，なるべく早くお迎えにきてください」とおっしゃいました。
この言葉がなんと心強かったことか，今でも鮮明に覚えています。私は
先生のおっしゃるとおり，いつもより1時間早くTを寝かせました。ご
はんの支度や片づけもいつもより手際よくこなして，なんとか1時間早
く寝かせることができました。Tは，寝かしつけると，すぐにぐっすり
と眠ってくれました。

　翌日，Tの鼻水はまだ出ていましたが，いくらか鼻水も減ったような
感じです。熱もありません。私はTを保育園に連れて行きました。W先
生に「いつもより1時間早く寝かせてあげることができました。そうし
たら，今朝は昨日より少し調子がいいようです。いつも帰ってからは忙
しいので，先生の言葉がなかったらいつもより1時間早く寝かせるなん
てできなかったかもしれません。まだ鼻水は出ますが，今日も一日よろ
しくお願いします」と伝えました。園で先生がしっかり見てくれている
と思うと，安心してその日仕事に専念することができました。仕事を終
えて急いで迎えに行くと，鼻水は出ているものの，いつもと変わらない
様子で，Tがにこにこしながらこちらに来ました。今日は一日，お部屋
の中でTの好きな遊びに集中しながら，機嫌よく過ごしていたと聞きま
した。私は，Tの体調が悪化しなかったことが分かり，ほっとしました。

　このとき，身をもって早寝の大切さも分かったので，それからはなる
べく早寝させてあげられるようにがんばっています。毎日家に帰ると，
戦争のようですけれど……。

　保育者が，Tくんのいつもの様子をよく把握していたため，Tくんの
体調の変化にいち早く気付くことができ，このままだと体調を崩してし
まう危険性を感じ取って，そのことを保護者に伝えることができた事例
である。保護者もその言葉を受け止めることができたため，その結果T
くんは体調を崩さずに済んだ。この事例に見られるように，保育者と保
護者が情報を共有することで，お互いの状況をよく理解し，協力し合え

第8章 「養護」について

た結果、子どもの体調を保持することができたといえよう。またこのことがきっかけで、保護者も早寝の重要性を認識し、毎日の生活リズムにとってもよい示唆が得られたようである。

日々忙しい生活の中で、夜遅くに迎えに来る保護者は、その後の時間を子どもと共に慌ただしく過ごしている可能性が高い。保護者にとっては、いつもより1時間早く子どもを寝かせること自体、大変なことだったろう。しかし、このように保育者と保護者が子どもの体調についてしっかり対話し、お互いの思いも共有した上で、保育中は室内で子どもの好きな遊びが存分にできるよう配慮したことも、子どもの体調を崩さずに済んだことにつながったのであろう。Tくんにとって、保育所がくつろげる居心地のよい場所であったからこそ、体調を崩さずに済んだともいえる。

子どもが体調を崩したときに、いつでも自由に休ませられない保護者にとっては、子どもの体調管理は常に気にかけていることでもあり、子どものためだけでなく、保護者にとっても、子どもが健康に過ごすことは大切なことである。そうしたことも念頭に置きながら、保育の中での「養護」的側面の重要性を改めて認識しておきたいものである。

第3節 情緒の安定

第3節では、「養護」をとらえる2つの重要な視点のうち、もう1つの視点である「情緒の安定」について、事例を挙げながら理解を深めていこう。

1 応答的な触れ合いや言葉がけの大切さ

子どもの情緒の安定にとって大切なことの一つに「子どもの欲求を適切に満たしながら、応答的な触れ合いや言葉がけを行う」ことと保育所保育指針では謳っている。これはどの年齢においても大事な営みといえるだろう。特に乳児期は、言葉で「こうしてほしい」といった要望を伝えられない時期でもあり、泣く、笑う、といった子どもの感情の表出や発声、しぐさ等もすべて受け止めて、様々な思いや生理的欲求を満足させてあげたいものである。

食事をするときも「おいしいね」「はい、アーン」と楽しい声かけをしながら、子どものペースを感じ取りつつ介助していきたい。おむつ替

えの時間も，次から次へとおむつ替えをこなしていくのではなく，一人一人に「すっきりしたね」「気持ちよくなったね」と十分話しかけながら行いたいものである。おむつ替えは1対1で対応できる大切な時間でもあり，体をさすったり，ほほ笑みかけたりしながら丁寧に関わっていきたい。

　このように子どもの気持ちを感じ取りながら応答していくことで，子どもと保育者の信頼関係を少しずつ築いていくことができる。以下に，子どもと信頼関係を築けた，と感じた瞬間について話してくれた保育士の事例を記す。

事例4

　私は0歳児の担任をしていました。Cちゃんは，先月から入園してきたばかりで人見知りが強く，私が担当になったものの，いつも泣いてばかりで，どうしていいか分からずに保育していました。心の中では「私でごめんね」と思ったり，「早く仲よくなれたらいいな」と思ったりしながら接していました。好きそうな遊びであやしてみても，なかなかご機嫌になってくれません。おむつ替えのときもいつも泣いています。それでも「とりかえようね」「あ，いやなのねえ」「でもさっぱりしたね」等と，必ず声をかけながら取り替えました。午睡のときは，トントンしてみたのですが，あまりトントンに慣れていないようだったので，体をさすったり，ほっぺをさすったりして寝かしつけてみることにしました。そのほうが気持ちよさそうだったからです。

　数日経ったある日，いつものように午睡の時間に体をさすっていたのですが，ぐずってなかなか眠れないようだったので，抱っこしてゆらゆらしてみました。するとほどなく目がトロンとしてきて，やがて私にすっかり体をもたれかかりながら，すやすや眠ってしまいました。その温かい体のぬくもりを感じながら寝顔を見ていたら，本当に心から愛おしく感じ，安心して私に身を預けて眠っているCちゃんの様子に心が和みました。

　その日，午睡から目覚めたCちゃんに私が笑いかけると，それまでは泣くことが多かったのに，この日はニッコリと笑い返してくれました。「ああ，Cちゃんと気持ちが通じ合えたかな」と感じた瞬間でした。

　入園当初は，子どもも緊張し，慣れない場所で居心地よく過ごすことはむずかしいかもしれない。保育者が少しずつ子どもの様子を感じ取りながら応答していくことで，徐々に信頼関係を深めていくことが大切である。このように，しっかり向き合ってくれる保育者の存在によって，

子どもの情緒は安定していく。

　幼児期になっても，子どもの様子を感じ取りながら応答していくことは，子どもの情緒の安定には不可欠である。言葉が出てくるようになると，自分の感情をお互いぶつけ合って，ときにはけんかが起こることもある。そのようなときにも，常に子どものお互いの気持ちを，保育者が受け止めていくことが大切である。「○○がしたかったんだよね」「うまくできなくて悔しかったね」等，言葉にうまく表せない気持ちを，保育者が代弁することで，子ども自身も自分の気持ちを整理することができてくるようになる。子どもの気持ちに寄り添った言葉がけを忘れないようにしていきたい。

2 居心地のよい時間・空間

　保育の場における子どもたちは，忙しい保護者と日々暮らす中で，家庭でも常に忙しい雰囲気で過ごしているかもしれない。「赤ちゃんとゆったり過ごす時間を大切に」というと響きはとても美しいが，日常生活の中で，子どもを迎えに行き，帰宅してから自宅で過ごす時間は，子どもとゆっくり向き合うには短すぎるかもしれない。そうした保護者の状況も理解した上で，だからこそ園ではゆったりとした時間を過ごすことも必要なのではないだろうか。園で過ごす時間が長くなればなるほど，保育の場において，ほっとする時間が大切になってくる。園で過ごす時間の中に，一人一人の子どもにとってゆったりとできる時間があることも，子どもの情緒の安定につながるといえるだろう。

　子どもがゆったり過ごす時間の一つに昼食後の時間がある。午睡の時間である。年齢によって，また子どもによって，午睡は必ずしも必要としない場合もあるが，ここでは4歳児クラスの担任をしている保育士が行っている取り組みについて記してみたいと思う。

事例5

　布団に入る前に，必ず一人一人短い会話をするように心がけています。午前中の様子で，子どもの姿を認めるような声かけになるようにしています。たとえば，「さっきは○○してくれてありがとうね」「今日は△△がすごかったね」のように，なるべく午前中の活動からつながるような声かけをするようにしています。特に，午前中トラブルがあった子どもに対しては，表情をよく見て，今どんな気持ちなのかを察するようにし

ています。一人一人声をかけるようにしたことで，まだ眠りたくない子どもの気持ちも確認できるようになりました。それが影響しているのかは分かりませんが，午睡時も眠い子どもからスムーズに眠りに入れるようになったと思います。なんとなくクラス全体も落ち着いてきたような気がします。

　ふだんの活動の中で，常に子どもの気持ちに寄り添った対応を心がけていても，活動中に十分話を聞いてあげられないこともある。午睡に入る前に，「自分の気持ちを分かってくれていた」「見てくれていた」と感じることができれば，子どももすっきりと午睡の時間を過ごせるかもしれない。このような子ども一人一人の気持ちを大切にする関わりを続けることによっても，子どもたちの情緒は安定してくるだろう。
　年齢が大きくなってくれば，午睡は必ずしも必要のない子どもも出てくる。日常生活の中で，夜間の睡眠が十分確保でき，朝もすっきり目覚めて，昼間も活動的に過ごすことができていれば，無理に午睡をしなくても大丈夫な場合もある。しかし長時間保育の場合は，常に活動的な時間のみで構成すると子どもも疲弊してしまう。一日の保育の中で，静と動の時間をうまく組み合わせ，静の時間も確保できるようにしていきたい。当然一人一人起床時刻も就寝時刻も違うし，体力差もあるため，午睡が必要な子どもも，必要としない子どももいる。一人一人の子どもの生活時間を把握しつつ，午睡の時間は，子どもが心穏やかに過ごせる時間となるよう，声かけや見守りに工夫していきたいものである。

3 食事を楽しい時間に

　保育の場においては，登園時間や降園時間が違う子どもたちが共に生活している。当然，子どもたちはそれぞれ起床時刻も就寝時刻も違うが，そうした子どもたちが一緒に過ごすことになるため，すべて一律にものごとを進めようと思っても無理が生じる場合もある。
　以下に，2歳児クラスの担任をしている保育者から聞き取った事例を記す。

事例6

　食事の時間は，できるだけ楽しい時間にしたいと考えています。でも，これまではなかなか遊びを切り上げられない子どもや，おなかが空いて

第8章 「養護」について

しまって早く食べたい子どもなど，足並みがそろわず大変でした。待ち時間も増え，そこにけんかが始まり，私たちもその対応に追われる毎日でした。そこで，遊びを早く切り上げられた子どもや，おなかが空いた子どもなどから順々にごはんが食べられるよう，少しずつ食事の時間をずらして取ることにしてみました。今まで「みんな一斉に食べないと」と考えていましたが，よく考えてみると，登園時間が2時間近く違う子どもたちが一斉に同じ時間におなかが空くとは限らないのですよね。いろいろな意味で準備が整った子どもたちから順々に食事の時間にしていくことで，これまで多かったかみつきやひっかきも減りました。

　食事の時間は，特に子どもたちにとって楽しい時間にしたいものである。十分におなかが空くよう，午前中は活発に活動することが多いだろうが，子どもはそれぞれ遊びの切り上げるタイミングも違う。子どもの生活リズムをよく把握するとともに，子どもの「遊びたい」気持ちや「食べたい」気持ちをしっかり受け止めて，生活していきたいものである。こうした個別対応をしたとしても，年齢が上がることで，「今は一緒に活動する時間」という認識も徐々に育っていくため，子どもの発達段階を見極めながら，年齢に応じて個別対応をうまく取り入れていきたいものである。

　たとえば保育所での食事提供に関していえば，2004（平成16）年に，保育所における食育のあり方に関する研究班が「楽しく食べる子どもに〜保育所における食育に関する指針〜」を作成，公表している。その中の「期待する子ども像」として，以下の5つが挙げられている。「お腹がすくリズムのもてる子ども」「食べたいもの，好きなものが増える子ども」「一緒に食べたい人がいる子ども」「食事作り，準備に関わる子ども」「食べ物を話題にする子ども」の5つである[7]。

　そしてこの指針をさらに活用していくために，2012（平成24）年には「保育所における食事の提供ガイドライン」が厚生労働省によって作成された[8]。この中で，「「お腹がすくリズムのもてる子ども」になるためには，子ども自身が「お腹がすいた」という感覚がもてる生活を送れることが必要である」と述べている。また子どもによって保育時間が異なるため，家庭と十分連携をとり，食事の提供のあり方に関しても個別計画が必要であることも述べている。自分で食べる量を調節し，空腹感を満たす量が分かるようになることを援助し，食事をすることで満たされる心地よさが体感できるよう，接していきたいものである。一人一人の生活リズ

ムや発達段階に応じた関わりをすることで，どの子どもにとっても食事が楽しい時間となるようにしていくことが大切である。

4 保護者会を通して

　保育の場における子どもは，保育者と子どもとの関係だけでなく，保育者同士の関係，保育者と保護者との関係，保護者同士の関係など，多くの人間関係に支えられながら成長・発達していく。

　特に保護者と保育者の関係が良好で，かつクラスの保護者同士の関係が良好であると，クラス運営もしやすくなり，ひいては子どもの情緒の安定にもつながってくる。園での保育方針を理解してもらうためにも，保護者同士が一堂に会する機会をつくることは有効である。最近は父親同士が集う「おやじの会」の活躍で，園での行事が行われることもある。また保護者会なども，保育者と保護者が子どもたちの様子を共有できる機会の一つである。園側から一方的にお願いごとをする会にするのではなく，園での子どもたちのいきいきとした姿を伝えたり，家での子どもの様子を伝えてもらったりしながら，家庭や園での様子もお互いに共有できる機会になるようにしたいものである。

　送迎の時間が近い保護者同士は，日々の送迎の際に顔を合わせることが多いが，登園降園時間が違う子どもたちの保護者は，こうした機会がないとなかなか顔を合わせることがないものである。また園バスのみで登園降園している幼稚園などでは，同じバス乗り場で待つ保護者同士は仲よくなるものの，それ以外の保護者と顔見知りになるのはなかなかむずかしい。保育参観や保護者会，行事等を通して，保護者同士が話せる機会をつくることも，園と家庭とをつなぐ有効な手段の一つである。ここでは，ある保育者から聞き取った，保護者会をきっかけに，クラス全体の保護者の雰囲気が改善した事例を示す。

事例7

　4歳児クラスの担任をしていたときでした。少し乱暴なふるまいの多いAくんは，クラスの中で落ち着かず，いたずらばかりしてお友達を困らせてしまうこともあります。お友達にケガをさせてしまったとき等は，そのことを相手の保護者に謝罪するとともに，Aくんのお母さんにもその事実は伝えるようにしていました。笑顔のかわいいやんちゃなAくんですが，いろいろなお友達とよくトラブルを起こすので，次第にクラスの保

第8章 「養護」について

護者の方たちの間では，Ａくんに対して戸惑う様子が見られ始めました。

困った振る舞いの多いＡくんではありますが，人懐こくてかわいらしく，甘え上手なところもあるので，Ａくんのお母さんに尋ねてみました。「Ａくん，とってもかわいいけど，おうちではどんな様子？」するとお母さんは，「もう本当に困っているんです。上のお姉ちゃんのときには，こんなに手がかからなかったのに，元気過ぎて家でも全然言うことを聞いてくれなくて，もうどうしていいか分からなくて……。家の中でもいつも怒ってばっかりです。お友達ともトラブルになってしまうことも多いし，本当にお友達にも申し訳ないし，保護者の方にも申し訳ないです」

私はそれを聞いたとき，「保育園でも注意されることが多いけど，家でも毎日叱られてばかりだとしたら，Ａくんもかわいそうだな。本当はもっと甘えたいのかもしれないな」と考えました。それにクラスの保護者の方々のＡくんに対する感情も少し気になってきていたので，Ａくんのお母さんが申し訳ないと思っている気持ちや，どうしていいか分からないと思っている気持ちを，ほかの保護者の方たちに知ってもらうことも必要かもしれないと思いました。

そこで思い切って，保護者会のときに一人一人のおうちでの様子や，保護者の子どもたちへの思いなどを話してもらうことにしました。みなさんお話してくれるかな，と心配しましたが，お母さんたちは次から次へと，家で困っている話や，嬉しかった話などを披露してくれました。その都度，ほかのお母さんたちからも「そうそう。うちも」「うちはこうしてる」といった意見も出て，懇談会は和やかな雰囲気で進んでいきました。Ａくんのお母さんの順番が来ました。Ａくんのお母さんは，「お友達に迷惑をかけてしまって本当に申し訳ないと思っています。自分でも，どのようにしつけていいか分からなくて，いつもきつく叱っているのに，なかなか言うことを聞いてくれません。厳しくすればするほど反発するし，やさしく言っても聞かないし。なんとかお友達と仲よく穏やかに過ごしてほしいと思っているのだけど，うまくいかずにすぐにトラブルになってしまう。うまく育てられていなくて本当にごめんなさい」と涙ながらに話しました。

保護者会にいたお母さんたちの中には，Ａくんに意地悪をされたお友達のお母さんも何人かいます。それまで内心よからぬ感情をもっていたお母さんからこんな一言が出ました。

「自分の子どもが，お友達に嫌な思いをさせていると分かったら，親としてはつらいよね。今はまだ幼くて，お友達が嫌だと思うことをして

しまうのも仕方ないよ。みんなそういうことあるよね。私たちも気付いたら，Aくんに伝えるようにするね」

　このお母さんの一言を聞いて，みんなうなずき，「大丈夫だよ。クラスの仲間だし，みんなで育てていこう」という声が上がりました。クラスの保護者同士に一体感が生まれたような気がしました。温かい保護者に恵まれたことに感謝した保護者会となりました。

　私も，Aくんの気持ちを分かってあげられていなかったのではないかと反省しました。お友達にケガをさせてしまうようなイライラしている気持ちに，早めに気付いてあげたいと思うようになりました。その後，Aくんは少しずつ落ち着いていき，卒園する頃にはお友達とのトラブルも見られなくなっていきました[9]。

　このように保護者会を機に，保護者同士及び保護者と保育者との連携を深めることができることもある。保護者同士が集まる場をつくり，そこに保育者も保護者と一緒に入ることで，保護者同士及び保護者と保育者の関係が良好なものになってくることは望ましいことである。こうした良好な関係性は，クラス運営を行う上でも有効である。見落とされがちな保護者同士の横のつながりであるが，これが良好であることで，保護者の心にも余裕ができ，子どもに対して不必要な叱責を減らすことにつながるかもしれない。保育者と保護者の関係が安定していれば，保育者も保護者に対して余計な心配などをする必要がなくなるため，保育者の方も子どもの保育に専念することができる。保育の場においては，子どもを取り巻く人間同士が良好な関係を構築していくことで，子どもものびのびと育つことができるであろう。

　ここまで「養護」について，いろいろな方向性から述べてきた。保育の場において，養護的な関わりは，子どもを守るために必要不可欠な営みであることが理解できたと思う。OECD保育白書[10]でも，「乳幼児期の教育とケアが，すべての子どもの人生に良いスタートを与えることにつながる」としている。ここでいう「ケア」には，当然これまで述べてきた「養護」の概念が含まれる。また「すべての乳幼児」というのは，貧困や虐待などのリスクを負っている家庭の子どもも含んでいる。

　「養護」を大切にした良質な保育が，すべての子どもの育ちを支えていることを忘れないようにしたい。

第8章 「養護」について

① 保育の一場面を取り出し，どうすれば「養護」と「教育」を一体的に展開できるか考えよう。

② 保育中の子どもの死亡事故について調べよう。またどうすればその事故を回避することができたのか，考えよう。

③ 子どもの気持ちを受容し，共感しながら接することができた具体的な事例を書き出そう。

引用文献

1 「食物アレルギーの診療の手引き2014」検討委員会（海老澤元宏ほか）「厚生労働科学研究班による食物アレルギーの診療の手引き2014」2014年
2 内閣府子ども・子育て本部「「平成28年教育・保育施設等における事故報告集計」の公表及び事故防止対策について」http://www8.cao.go.jp/shoushi/shinseido/outline/pdf/h28_jiko_taisaku.pdf（2018年1月4日閲覧）
3 平成27年度教育・保育施設等の事故防止のためのガイドライン等に関する調査研究事業検討委員会「教育・保育施設等における事故防止及び事故発生時の対応のためのガイドライン【事故防止のための取組み】——施設・事業者向け」2016（平成28）年
4 小保内俊雅「保育施設で起こる突然死」全国保育園保健師看護師連絡会「2016年度子どもの健康と安全セミナー——保育保健と危機管理」2016年，75-84頁
5 伊東和雄・仲村徳子「保育預かり初期のストレスとSIDS危険因子の関係について」小児保健研究，65（6），2006年，836-839頁
6 内閣府「教育・保育施設等における事故防止及び事故発生時の対応のガイドラインについて」http://www8.cao.go.jp/shoushi/shinseido/meeting/index.html#kyouiku_hoiku（2018年1月4日閲覧）
7 保育所における食育のあり方に関する研究班「楽しく食べる子どもに——保育所における食育に関する指針」2004（平成16）年
8 厚生労働省「保育所における食事の提供ガイドライン」2012（平成24）年
9 鈴木美枝子編『これだけはおさえたい！保育者のための子どもの保健Ⅱ』第2版，創成社，2018年，「保護者懇談会の活用法」
10 OECD編著『OECD保育白書——人生の始まりこそ力強く——乳幼児期の教育とケア（ECEC）の国際比』星三和子ほか訳，明石書店，2011年

参考図書

◎ 秋田喜代美編『よくわかる幼保連携型認定こども園教育・保育要領徹底ガイド』チャイルド本社，2015年
◎ 猪熊弘子『死を招いた保育——ルポルタージュ上尾保育所事件の真相』ひとなる書房，2011年
◎ 大豆生田啓友『保育が見えるおたよりづくりガイド——よりよい情報発信のために』赤ちゃんとママ社，2013年
◎ 無藤隆，汐見稔幸編『イラストで読む！幼稚園教育要領・保育所保育指針・幼保連携型認定こども園教育・保育要領　はやわかりBOOK』学陽書房，2017年
◎ 山中龍宏ほか『保育現場の「深刻事故」対応ハンドブック』ぎょうせい，2014年

第9章

保育内容をめぐる展望と課題

　教育や保育に関連する社会の動向は，子どもが育つプロセスの中で起きる課題や問題と大きく関連している。子どもにとって必要な遊びの環境や保育内容は時代の流れと共に大きく変化する必要がある。この章では現代的な課題を理解するとともに，2018（平成30）年実施の幼稚園教育要領や保育所保育指針，幼保連携型認定こども園教育・保育要領や2020（平成32）年実施の学習指導要領改訂の方向性をベースに，障害のある子どもの保育の方向性や園としての課題を明確にし，解決の糸口を探ることを目的としている。将来保育者を目指す人にとって，自身の課題の明確化と今後の展望について理解してほしい。

 第1節　幼保小の連携・接続と保育内容

　2018（平成30）年に実施される「幼稚園教育要領」「保育所保育指針」「幼保連携型認定こども園教育・保育要領」そして学習指導要領は乳幼児期から高等教育までの一貫した改訂の方向性を示している。改訂の基本方針はグローバル化した社会の進展や人工知能の進化等を踏まえ，将来予測がむずかしい社会の中でも，伝統や文化に立脚した広い視野をもち，志高く未来をつくり出していくために必要な資質・能力を子どもたち一人一人に確実に育む学校教育を実現することである[1]。この大きな方向性に向けて乳幼児期の子どもの育ちから生涯に向けて学び続ける人としての重要性に鑑み，大きな変革期を迎えることになる。

　その具体的な方法論として「アクティブ・ラーニング」の視点からの学習過程を質的に改善することが求められるようになる。その学びの本質は「主体的・対話的で深い学び」を実現するための授業改善が求められる。その実現のために「カリキュラム・マネジメント」やICT環境の充実等の必要な条件整備が求められるとともに，学校教育を通じて身に付けるべき資質や能力の明確化や教育目標・内容の改善，資質・能力を育む学習過程や学習評価を重視しなければならないのである。更に今回の改訂の方向性からは幼保小の連携の重要性が示されている。この章の一つの課題として，連携をどのように実現する必要があるか，また具体的な実践における課題はどこにあるかを明確にし，今後の方向性を具

第9章 保育内容をめぐる展望と課題

体的に学んでほしい。

1 幼保小連携の方向性と課題

　保育所・幼稚園・認定こども園の就園率は100％近くになり，現在小学校への就学前には何らかの施設に子どもが通った結果として小学校に就学することが当然の時代となっている。しかし，就学前の施設は多種多様であるだけでなく，園や施設の保育内容のあり方や具体的な経験値の相違，更には育っている姿にも大きな違いがある。都市部の小学1年生であれば，15から20以上の園や施設から就学してくることが一般化しており，小学校1年生の入門期の課題が取り沙汰され，小1プロブレムといわれるようなことが話題となったのも昨今の問題点である。また，学級崩壊と呼ばれる状況や教師の精神的なストレスの課題等，幼児期後半から就学に至る接続期の重要性が強調されるようになった経緯がある。

　文部科学省においても幼保小連携の重要性が強調されるようになり，2018年度実施の幼稚園教育要領や2020（平成32）年実施の学習指導要領においても接続期カリキュラムのあり方や具体的な連携の方向性が示されている。その主たる考え方として大切にしたいことは，幼児期の終わりまでに育ってほしい姿を「スタートカリキュラム」を通しておもに生活科を中心としながら各教科の等の特質に応じた学びにつなぐことである。

　アプローチカリキュラムやスタートカリキュラムに関しては各都道府県や市町村レベルでも多くの実践的な研究や検討が進みつつあり，その成果を上げている自治体もある。ここでは，神奈川県横浜市の取り組みとして「横浜版接続期カリキュラム　育ちと学びをつなぐ」[2]から基本的な理念及び具体的な実践のいくつかを紹介したい。

2 接続期のカリキュラムと保育内容

　図表9-1に示されている接続期と接続期のカリキュラムは，乳幼児期からの遊びを通した学びが緩やかに小学校の学びにつながるように，アプローチカリキュラムとスタートカリキュラムによって接続期の重要性とその流れを示したものである。ここでいうアプローチとは「小学校のための準備」あるいは「小学校に対する適応指導」という意味で使うのではなく，その時期の子どもの発達に合わせて十分に子どもの育ちを

引き出していくことが自然に小学校教育につながる力を育てる意味で使われている。その意味でのアプローチなのである。

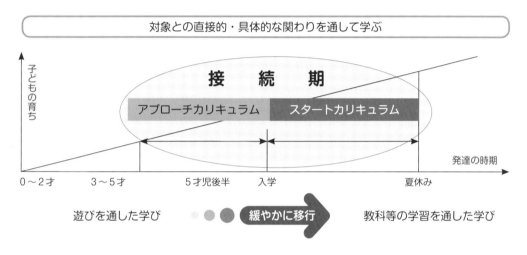

図表9-1　接続期と接続期のプログラム

◎横浜市こども青少年局子育て支援課幼保小連携担当，2012年

　さらに図表9-2に示される全体構造を見ると，自己肯定感を育むことによる情緒の安定がとても重要であることが分かる。また，学びの芽や学びの基礎を遊びの中で培うことや，子どもの主体性を大切にすることの重要性が理解できる。

　幼児期の終わりまでに育ってほしい姿から幼児期の学びに向かう力を大切に育て，その育ちをアプローチカリキュラムやスタートカリキュラムによって具現化することがこれからの子どもの学びを育むことにつながるのである。

　Ｓ幼稚園では毎年幼保小連携に関連する活動を活発に行っている。具体的には給食を食べさせていただく経験や，カプラを使って共同で遊ぶ体験，また図工や生活科の授業を通じての学校探検や遊びのコーナー等による楽しい体験の積み重ねがある。このような活動は，小学校に就学することを楽しみにするだけでなく，小学校の先生方が幼児の姿を理解する機会になるとともに，子どもの育ちの連続性を幼保小で支えるきっかけになるし，保護者にとっても安心できる就学を迎えるきっかけにもなる。

第9章 保育内容をめぐる展望と課題

図表9-2 接続期をとらえる全体構造

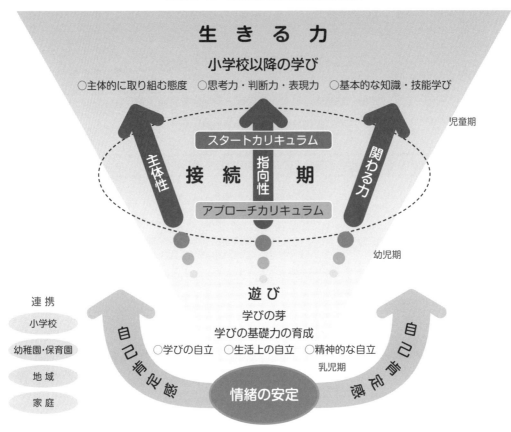

◎横浜市こども青少年局子育て支援課幼保小連携担当，2012年

図表9-3 接続期におけるねらい

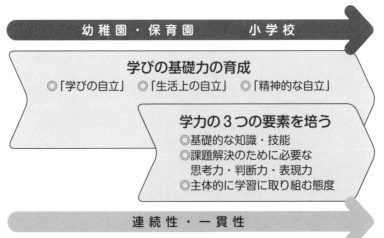

◎横浜市こども青少年局子育て支援課幼保小連携担当，2012年

写真9-1
カプラで遊ぶ子どもたち

写真9-2　幼保小交流保育の公開事業

写真9-3
幼保小連携にて地域の公園でソーラン節による交流

　また，就学する前に各小学校から園児の状況を聞き取る機会が常態化している。これは，指導要録による書類的な関わりだけでなく，園児の姿を具体的に伝える大切な機会になっているケースが多い。障害のある子どもや関わりのむずかしい子どもが小学校に就学する場合，どのような特性をもっているか，また，どのような配慮が必要であるか等，事前に知っておくことが必要な場合がある。そのような個々の子どもの育ちの連続性を支えるためにとても有効に幼保小連携が活用できる可能性がある。しかし，注意しなければならないことは，個人情報の保護の観点である。個々の子どもの特性や配慮事項等の伝達の中でも，障害名を伝える場合等は，保護者の同意を得ることも必要となり，情報が開示されたことによって保護者から不信感をもたれてしまう可能性もあるので，十分に注意が必要である。また，学校側が子どもの単純な振り分けに活用したり，ともすると差別的な扱いを生む可能性があるので，伝達する園側もこの点に配慮した意見交換が大切である。

　このような幼保小連携の取り組みの成果は，結果的に子どもの連続的な育ちを丁寧に支えることとなるだけでなく，就学後にも地域で共に子どもを育てることにつながるので，今後ますます活発に実施していく必要がある。

第9章 保育内容をめぐる展望と課題

 特別な支援を必要とする子どもとその保育内容

1 特別な支援とは何か

　特殊教育から特別支援教育に呼称が変化し，法的にも明確に位置づけられた特別支援教育は 2007（平成 19）年にスタートし，10 年以上の時を経ている。その理念は 2012（平成 24）年に文部科学省から「共生社会の形成に向けたインクルーシブ教育システム構築のための特別支援教育の推進」として社会に位置づけられた。社会的趨勢は障害のある子どもや人に対するやさしい社会の形成を目指してはいるものの，具体的にはかなりの課題を抱えているのも現実であり，特に保育現場においては，障害のある子どもの入園に対する抵抗感や入園後の多くの課題，また保護者への支援のむずかしさ等を抱えている現場が多い。

　本節では，保育内容の視点から特別な配慮が必要な子どもに対する保育のあり方や方向性を学び，保育の実践の中で活用できる考え方について深く学んでほしい。

2 特別な支援を必要とする子どもに対する考え方の変遷

　障害のある子どもや人に対する考え方は，歴史的に多くの変遷を経て今日まで経過している。その基本的考え方の原点になるのが，1959 年デンマークのバンク・ミケルセンによる「ノーマライゼーション」の理念である[3]。この理念は障害のある人に対してはできるだけノーマルな生活が可能になることを強く意識し，その実現のために学校教育や制度等を大幅に見直した。この理念は 1960 年代にはスウェーデン等にも広がり，世界に多くの影響を与えてきた。

　その後 1994 年の「サラマンカ宣言」[4]によってノーマライゼーションの理念を更に具現化するために「社会的インクルージョン」が提唱され，障害や貧困等何人も社会的な排除等のない社会形成に対して明確に位置づけられたのである。

　また，障害者の権利に関する条約への対応も大きな変化である。障害者の権利に関する条約は，2006（平成 18）年 12 月に国連総会で採択され，2008（平成 20）年 5 月に発効した。日本政府は早期の締結を目指し，障害者基本法の改正，障害者差別解消法の成立等必要な国内法令の整備等

を進め，2013（平成25）年12月4日に国会で承認され，2014（平成26）年1月20日に批准された。なお，本条約は2014年2月19日に我が国について効力を生ずることとなった。

障害者の権利に関する条約の中で，教育については第24条に記載されており，同条約が求めるインクルーシブ教育システム（inclusive education system）について，人間の多様性の尊重等の強化，障害者が精神的及び身体的な能力等を可能な最大限度まで発達させ，自由な社会に効果的に参加することを可能とするとの目的の下，障害のある者と障害のない者が共に学ぶ仕組みであり，障害のある者が一般的な教育制度（general education system）から排除されないこと，自己の生活する地域において初等中等教育の機会が与えられること，個人に必要な「合理的配慮」（reasonable accommodation）が提供される等が必要とされている。

さらに障害を理由とする差別の解消を推進することにより，すべての国民が障害の有無によって分け隔てられることなく，相互に人格と個性を尊重し合いながら共生する社会の実現を目指し，「障害者差別解消法」が2013年6月26日に公布された。（2016（平成28）年4月1日施行）

保育の世界に関しては，OECD保育白書「人生の始まりこそ力強く──乳幼児期の教育とケアの国際比較」において故，前OECD乳幼児期の政策調査責任者であるジョン・ベネットが「日本語版への序」（p. 4 ～）において以下のように示している[5]。

- インクルーシブ教育については1948年に採択された世界人権宣言，および国連子どもの権利条約にも明記されている。直近の「国連障碍のある人の権利に関する条約（2008年）でも**障碍をもつ子どもにとってインクルーシブな教育が最も優れた教育モデルである**ことが指摘されている。
- 適切な計画がなされれば，**インクルーシブ教育は，すべての子どもに好ましい学習成果をもたらす**。なぜなら，インクルーシブ教育は学習者1人ひとりに向けられたアプローチをとるため，すべての子どもが恩恵を受けることになるからである。教室のなかに存在する多様な学習スタイルや能力が，障碍の有無にかかわらず，すべての子どもたちの間に学びの交流を生む。個性を認めることは，多元的な活動内容を提供することを意味し，結果として多くの場合，すべての子どもたちが学習内容をよりよく理解することへとつながっていく。

第9章 保育内容をめぐる展望と課題

> (中略)
> - インクルーシブ教育は，社会にプラスの効果をもたらし，協働的な社会文化を育てる素地を作る。この分野の研究によって，子どもは3歳という小さい年齢から，発達の遅れや発達上の問題に対してはプラスとマイナス両方の態度を形成していくことが，かなり正確にわかるようになった。インクルーシブな教育環境では，すべての子どもたちは否定的な態度形成を克服し，生涯にわたる開かれた社会スキルを身につけることができる。障碍に対する偏見をなくす最も効果的な方法は，子どもの時期から障碍をもつ人々と，身近に接することである。

　以上のように，世界的潮流は障害のある人を差別的に扱うことを明確に禁止するだけでなく，より積極的に受け入れ，共生社会を目指す方向で確実に動いてきているのである。しかし，保育の世界では理念は波及していると考えられるが，実践の中では課題が多く，解決すべき点が多いことも否めない。そこで，ベネットが述べるように，インクルーシブ教育・保育の中で障害のある子どもも，共に生活する周囲の子どもにとっても大切な保育の方向性について具体的に検討したい。

3 子どもの育ちに対する現状と課題

　障害のある子どもの出生は，少子化であるにもかかわらず増加傾向にあることが指摘されている。その実情は右記の特別支援学校の在籍数の推移を見れば明らかである。なぜ障害のある子どもが生まれるか等については明確な根拠を示すまでに至ってはいないが，大切なことは，どのような子どもであっても社会全体で受け入れることが可能になる社会形成が必要になっているのである。

　文部科学省は2012年に共生社会の重要性に関して以下のとおり方向性を示している。

> 1．共生社会の形成に向けて
> ○「共生社会」とは，これまで必ずしも十分に社会参加できるような環境になかった障害者等が，積極的に参加・貢献していくことができる社会である。それは，誰もが相互に人格と個性を尊重し支え合い，人々の多様な在り方を相互に認め合える全員参加型の

社会である。このような社会を目指すことは，我が国において最も積極的に取り組むべき重要な課題である。（後略）

◎文部科学省「共生社会の形成に向けたインクルーシブ教育システム構築のための特別支援教育の推進（平成24年7月）」

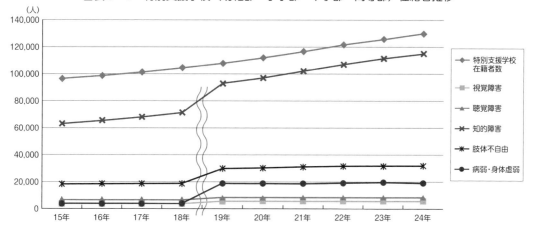

図表9-4　特別支援学校（幼稚部・小学部・中学部・高等部）在籍者推移

◎文部科学省障害のある児童生徒の教材の充実に関する検討会「特別支援教育の現状について」2013年

　このような社会形成とインクルーシブな社会をしっかりと意識し，今後の方向性を幼稚園・保育所・認定こども園は強く意識し，どのような子どもであっても教育・保育の対象からはずさないことが最も重要であることをここに明記しておきたい。

4　受け入れられないで困惑する家族

　国が示す共生社会の方向性やインクルーシブな社会形成を目指すことの重要性は誰もが感じるところではあるが，現実的にはまったくそのようなことが意識されていない実情や，保護者の立場をひどい状況に追い込んでしまうような事例も少なくない。以下の文章は筆者の関係する学生が，卒業論文で障害のある子どもの保護者にインタビューした内容を抜粋したものである。このような事例から，障害のある子どもの家族の本音や思いを丁寧に探る必要がある。

《突きつけられる社会の冷たい風》
①自分の子に障害があると分かった時，「何で私だけが……」そし

第9章 保育内容をめぐる展望と課題

　て頭が真っ白になった。不安でどうしようと思ったり，子育ても楽しくない，可愛くない，逃げたい，苦しい，なんかぐちゃぐちゃだったよね。」

②「近くの幼稚園を片っ端から電話した」「責任が負えない」「週1日で良ければ」と様々な理由で受け入れを断られた。または限度を設けられた。

③「プレスクールでの話なのですが，ある日の保育中，娘が砂遊びをした時汚れた手を見て，パニックになったそうなんです。彼女には，"洗えば落ちる"って分からなかったので，"汚れてしまった""どうしよう"といってパニックになっただけのことなんですけど，その時の園の反応の仕方が過剰だったんです。そんなことでそこまで大騒ぎするのか，という感じでした。親としては，だから何？そんなことで一々騒いでいたらやっていけないわよって感じで白けてしまいました」

④保育者から「もっと××してください」と指導を受けた。今でも，十分一生懸命やっているのに，更にやらねばならないのかと思った。

⑤「幼児期は，"自分の子が障害であることを受け止める時期"と，"幼稚園にするか療育センターにするか，併用するか"等と気持ちの整理を付ける時期と，方向性を決めなければならない時期が同時にあることが辛かった。ダウン症や肢体不自由など見た目ですぐ分かる障害の場合，ショックを受ける時期も早く，その分，就学に関することも時間を持って考えられるケースが多いが，自閉症等，見た目では分からず，また，診断もむずかしいものなどは，どうしても発見が遅いためゆとりのないまま決断を迫られるパターンが多い。

　　　　　　　　　　　◎「障害のある子どもを持つ親への子育て支援」から引用

　一部の抜粋ではあるが，どのケースも社会が障害に対する差別的な意識による風当たりの強さではないだろうか。また，保護者の苦悩やつらい気持ちを感じ取ることができる。教育や保育に携わる人間だけでなく，誰もが障害の有無にかかわらず，共生できるインクルーシブな社会を形成するためには，そのマインドを形成することが必要なのである。特に教育や保育に関係する人は，障害の理解も大変重要ではあるが，心から障害の有無に関係なく，人を人として尊厳をもって関わることが求められるのである。

5 インクルーシブな教育・保育の方向性と保育内容

　障害のある子どもの受け入れは進みつつあり，その保育のあり方にも多様な考え方はあるが，保育として大切なことが多く存在している。また，障害のある子どもを受け入れることが保育の質的向上につながる部分があることを明確に示す事例も多くなってきている[6]。そのような流れの中で，具体的な実践の中で障害のある子どもが育つ実践の考え方や事例をいくつか紹介しておきたい。

①子どもが育つために必要な保育の考え方

　障害のある子どもが園に入園するケースは大変多くなってきている実情がある。この傾向は社会的にはよい方向ではあるが，障害特性によるむずかしさや保育のあり方によってはとてもむずかしい状況になることがあることも否めない。そのような場合，保育者が深い悩みをもってしまったり，自分だけでは解決がむずかしくなるようなケースもある。しかし，子どもには必ず育つ力があり，迷いながらも日々の生活が子どもにとって必要な保育になるように努力しなければならないのである。

　保育内容との関連で考えると，まずは遊びを通しての総合的な指導がどの程度できているか，このことがとても重要な鍵となる。障害のある子どもは集団生活への適応のむずかしさ等を指摘されることが多くある。その背景には一斉活動に対する意識が高い場合に見られるケースである。一斉保育を否定するわけではないが，これからの幼児教育や保育は，まさに主体的な学び，対話的な学び，そして深い学びのプロセスが求められている。保育がアクティブなものでなく，比較的パッシブな要素を含んでいる場合，子どもは我慢することや耐える時間が多くなる可能性があり，このような保育のあり方の場合は障害のある子どもにとっては苦痛な時間が多くなる場合もある。つまり，主体性や個々の子どもの学びを大切にした保育であれば，どの子どもにとっても日々の生活や遊びが保障することが可能となる。さらに，子どもの興味・関心が生かされる保育内容が用意されていることで個々の子どもの自己実現や自己充実が図られるだけでなく，発達に必要な経験の積み重ねが可能となる。このような保育の理念に立脚することが障害のある子どもが育つ保育の原点となる。一斉保育や課題活動も大切な場面は多くあるが，遊びの時間や人と関わる時間が十分に確保されていることがとても重要である。

第9章 保育内容をめぐる展望と課題

事例1 切り替えのむずかしいSちゃん

　Sちゃんは幼稚園に入園する前に専門機関で自閉症スペクトラムの診断を受けて入園してきました。Sちゃんは週に2日専門機関で療育指導を受けています。そのほかの3日間は幼稚園で生活をしている併用しているお子さんです。年中組で入園してきたSちゃんはとても活発で，なかなか保育室に入ることがむずかしく登園してくると朝の支度や着替え等もしないまますぐに園庭に出て遊び始めます。対応に苦慮していた担任の先生が最初にしたことはSちゃんへの理解です。Sちゃんは車が大好きで，ミニカー等に興味を強くもっていました。そこで，園にあるミニカーを保育室に集め，段ボールを使って町を子どもと一緒につくっていたのです。登園したSちゃんは自分の好きな車があることに気付き，その車を使って遊び始めました。そのときの目の輝きに担任の先生は愛おしさを感じたのです。車を使って一緒に遊んでくれる担任のM先生はSちゃんにとっての味方になったのです。この関係の形成からSちゃんはM先生を強く求めるようになったのです。結果としてSちゃんの一番大好きな先生との生活が始まり，M先生の伝えることには耳を傾け，遊びの終わりや生活に必要な力を少しずつ身に付け，周囲の子どもからも認められる場面が多くなっていきました。

　以上のように，しなければならないことを先にさせるのではなく，子どもとの関係性を形成することが保育の原点になる。切り替えだけを迫ったり，競わせたりだます等の方法で子どもの気持ちの切り替えを強要することが多くなると，結果的にはクラスの存在感や仲間関係のつながりを阻害するような姿が生まれるだけでなく，育ちを阻む可能性もある。大切なことは，信頼関係をベースにしながら，どのような障害があったとしてもクラスの一員として大切な存在として日々の生活が積み重ねられることである。

②**園内連携**

　幼稚園では基本的に一人担任制が多く，保育園は複数担任制が一般化している。そのような中で障害のある子どもの保育を日々充実させるためには，担任保育者だけの力では物理的に困難な状況が生まれることも否めないこともある。制度的に加配保育者が存在するようなケースもあれば，担任一人ですべてをまかなわなければならない状況もある。昨今の園の状況から見ると，障害のある子どもが存在するクラスには担任以

外のフリーの保育者や加配が配置される場合もある。また，クラスには常時存在しないまでも，園全体をフリーで担当する保育者が存在する場合もある。

大切なことは，園の中での保育者相互の連携である。子どもにとって必要な保育内容を日々充実させていくためには，遊びの環境や工夫だけでなく，人的な配置に配慮することも必要となる。基本的には担任がすべての責任を負うことになるが，障害があるために手がかかりすぎて，手をかけることが困難な状況が続くことは，子どもにとっても保育者にとっても好ましい状況ではない。そのような状況下になった場合は，どこにむずかしさを感じているか，またどのようなサポートが必要であるか等，園の中で思いを伝えることも必要となる。また，職員会議やカンファレンス等を通して課題を共有し，担任一人で抱え込むのではなく，悩みや不安は口に出すとともに，ほかの保育者からのアドバイスや支援が受けられるような体制を形成することも園の課題として考えなければならない。

③保育内容や行事

障害のある子どもにとっての保育内容検討の視点は5領域から考える必要がある。園によっては領域を強く意識して保育内容を検討する場合もある。しかし，領域は発達を観る視点であって，内容を取り出して経験させることを第一義的に考えるために存在するのではない。また，新教育要領等に明記されている幼児期の終わりまでに育ってほしい10の姿も同様で，一つずつを取り出して指導するために存在するのではない。園において保育内容を検討する際は，5領域を中心として，10の姿が実現されるような保育のあり方や活動の内容，子どもにとって経験してほしいこと等を，カリキュラム・マネジメントを通して園長を中心にしてビジョンを明確にする必要がある。

ここでいうビジョンとは，単に一つの人間像を示すのではなく，園を卒園するときに，どのような人としての資質や能力を育むことが可能であるか，また園を卒園する子どもの姿がどのように小学校につながるか等，長期的な視点に立脚して保育の内容を検討する必要がある。多くの園では教育課程・保育課程をベースにして1年の計画や行事等を検討しながら日々の保育を検討することとなる。その際，昨年やったことをそのまま毎年同じように実施する園もある。そこに重要な意味が見える場合もあるが，毎年入園してくる子どもの姿や地域特性，また保育者集団

第9章 保育内容をめぐる展望と課題

の考え方によっては保育内容や行事のあり方等を目の前の子どもの姿から日々見直すことが求められる。そのためには以下のような視点から保育内容や行事，日々の遊びや生活を見直す必要がある。それは入園してくる子どもの多様性を受け入れることであり，どの子どもにとっても必要な保育の方向性を点検することの意義を示すこととなる。

保育を見直す視点

- **1日の時間の過ごし方や生活や遊びの配分**
 発達の姿や年齢によって子どものもつ要求は変化する。また，季節や時期，育ちによっても要求は変わる。

- **遊び環境の充実**
 主体的，対話的で深い学びが実現できる園の環境には，子どもが遊びに没頭することが可能な環境構成が必要となる。さらに子どもが実現したいことに保育者が目を向けることで，子どもの要求が見えてくる。その要求を実現することによって学びが深まるような環境の再構成が求められる。日々の遊びが充実してくると継続性が生まれ，さらに実現したいことが生まれてくる。そのことを保育者が意識すると環境の見直しが必要となる。

- **行事のあり方と保育内容**
 各園には園の文化として大切にしてきた行事が多くある。行事は子どもにとっても保護者にとっても重要な機会となる。多くの園では「運動会」「発表会」「作品展」等といわれる三大行事等がある。その行事はとても大切な機会であるが，毎年同じ行事の繰り返しであったり，子どもに無理を強いるような行事のあり方は見直さなければならない。特に障害のある子どもにとっては，過度な負担を課さなければならないような状況も生まれてしまう。
 行事は何のためにあるのか，日々の保育内容は子ども一人一人にとってどのような意味をもつのか。このような視点から行事や保育内容を少しずつ見直すことが求められる。しかし，現実的には形骸化した行事や，昨年のとおり実施する現場が多いことも否めない。また，描画や製作活動のルーティーン化が結果的に保育者や子どもへの負担を多くしてしまい，遊びの時間の充実が困難な場合もある。行事のための保育ではなく，子どもの生活や遊びが充実するための行事への転換と保育内容の関係を意識した上で見直すことが求められるのである。

以上のように，障害のある子どもを含むインクルーシブな教育や保育を丁寧に考えていくと保育内容のあり方や行事等を目の前の子どもの姿から常に検討する意識が求められる。決して易しいことではないが，新教育要領等を実現するためには，保育のあり方を少しずつ見直し，本当に子どもにとって必要な保育が展開されているか等を常に検討する必要がある。

第3節　家庭連携と保育内容

1　家庭と保育内容をつなぐために

　子どもは一人の一個人として個性をもって園生活を積み重ねている。幼稚園は教育の場として，保育園にも教育的な意図や意味をもちながら就労する保護者の方を支える役割をもっている。昨今の社会動向から見ると，女性の社会進出や就労は一般化し，そのことに伴って保育園に対するニーズの高まりや幼稚園における預かり保育の一般化，また認定こども園における幼保一体型の始まり等，この10年で就学前の施設のあり方や社会の趨勢は大きく変化した。さらに待機児童の問題や保育士不足の課題は，量的な拡大への期待と裏腹にそのむずかしさに出合う都市部の課題となって解決が急がれている。そのような状況の中で，子どもにとっての保育の質が問われることが多くなってきている。預かる場としての保育園における教育的意義や，遊びを大切にした保育における学びの意義等，子どもにとって必要な保育とは何かについての議論も盛んになってきている。

　保育内容は単に子どもに与えて育てる発想から，子どもの主体性を生かし，対話等を積み重ねながら深い学びに至るプロセスを経て，子どもの発達に必要な経験を積み重ねていくことが必要となる。しかし，この学びのプロセスは大人には見えにくく，意味や価値が分かりづらいデメリットもある。その結果として保護者からは「子どもは園でただ遊んでいるだけ」「もっといろいろなことをやらせてほしい」等の意見が多くあることも否定できない現実もある。やらせることをこなすことにまったく意味がないわけではないが，これからの幼児期から始まる学びのプロセスは高等教育に至るまで継続するものとなり，その原点になる幼児期の学びの質は，今後さらに具体化される必要がある。

第9章 保育内容をめぐる展望と課題

　このような課題を克服するために，写真や映像等を使って記録をし，その記録を保護者と共有する努力をする実践から，子どもの学びのプロセス等に目を向けることが可能になっている園の実例も多くなってきている。ここで紹介する園は，ドキュメンテーションを活用して保護者の保育内容を伝える努力を積み重ねている園である。

写真9-4（左）　写真9-5（右）
ドキュメンテーション例

　また，園便りやクラス便りを丁寧に記述し，子どもの日常の生活や遊びの姿を分かりやすく伝えることにより，理解を深める実践もある。（写真9-6，写真9-7）

写真9-6（左）　写真9-7（右）　園便り，クラス便りの例

2 記録を大切にする保育

　記録の手法はいくつかあるが，大切なことは子どもの内面を丁寧に理解することである。記録の中でも，活動や遊び等を実施した記録「今日は○○をしました」といった記録は多く見られる。このような記録を保護者に伝達することは，まったく意味がないわけではない。しかし，活動の中に含まれている子どもにとっての意味や，学びのプロセスはそのような記録からは見えてこない。大切なことは子どもがどのようなことに関心をもち，誰といつどのように遊びを深め，さらにその中にどのような意味が含まれているかといった考察的な要素や，そのときに感じていた保育者の思いや意図等が含まれていることが求められる。そのようなことを実現するためのヒントとしてニュージーランドにおけるテファ・リキにおけるラーニングストーリーの活用等も一つである[7]。

　園での記録を充実させるためには園のICT環境の充実も求められる。デジタルカメラの活用とデータを共有するシステムの構築や簡単に記録を作成できるパソコンの活用，プリンター等も重要なアイテムである。子どもの遊びの中に含まれる遊びを観る目が保育者にとっても大変重要で，子どもの内面が見えるようになることと，記録の質はかなりリンクしている。

　以上のように，今までの発信の方法と内容を変化させることによって，保護者の保育内容に対する見方や考え方に変化が起きる可能性がある。それは子どもの経験した遊びや学びを子どもが保護者に伝え，さらに園から丁寧に記録が届くことによって，保護者が園で起きている保育内容に興味や関心をもったり，子どもとの対話が深まる等，相乗効果が見られる実践も多くなっている。

　園でのICT活用がまだ進んでいない現実もあるが，タブレットやスマートフォン，また活動を伝えるためのアプリの活用等，今後記録を発信することが保育者の負担を軽減することに繋がる可能性もある。今後進むであろうICTを積極的に導入し，若い保育者の経験や体験を職場で生かすことも園として大切にする必要がある。

3 今後の展望と課題

　以上のような実践の方向は，園がどのような理念に立脚して子どもを育てるのか，この考えが最も重要である。また，現代社会の中で必要と

第9章　保育内容をめぐる展望と課題

なる保育内容のあり方は，時代の要請に基づいて大きな変革期を迎えていると考えられる。1989（平成元）年の幼稚園教育要領の改訂から30年近くを迎え，遊びを通しての総合的な指導や環境による教育の重要性は継続して伝えられているにもかかわらず，いまだに保育内容を選択して与えるような発想で保育を展開している実践が多く存在していることは否めない。子どもが発達に必要な経験を得られている状況や子ども自身が主体的に学びに向かう力が育まれることの意味を保育内容の視点から再度検討し，与える保育から子どもが学ぶ保育への質的転換が大きく求められてきた。このようなことを意識し，現場の保育内容のあり方や中身に対して実践と研究が融合し，子どもがこれからの社会を強く生きていくために必要な逞しさを育むことの価値と意味を保育や教育に関係する人，さらに保育者を目指す人にはしっかりと理解しておくことが望まれることを最後に明記しておきたい。

① 幼保小連携はなぜ必要であるか。また，園側として必要な配慮について考察し，子どもの育ちにつながる連携の方向性について検討しよう。

② 障害のある保護者の立場や気持ちを理解し，どのような日々の思いをもっているか検討し，園や社会としての対応を検討しよう。

③ クラス便りを実際に作成しよう。その際，新任の保育者としての自己紹介を記述し，保護者に自身をアピールする文章を作成しよう。

引用文献

1 文部科学省中央教育審議会「幼稚園，小学校，中学校，高等学校及び特別支援学校の学習指導要領等の改善及び必要な方策等について」2016（平成28）年12月21日答申
2 横浜市こども青少年局子育て支援課幼保小連携担当編「育ちと学びをつなぐ――横浜版接続期カリキュラム」2012年
3 花村春樹『「ノーマリゼーションの父」N. E. バンク＝ミケルセン――その生涯と思想（福祉books11）』ミネルヴァ書房，1995年
4 「サラマンカ声明「特別なニーズ教育に関する世界会議――アクセスと質」（ユネスコ・スペイン政府共催）」1994年
5 OECD編著『OECD保育白書――人生の始まりこそ力強く――乳幼児期の教育とケア（ECEC）の国際比』星三和子ほか訳，明石書店，2011年
6 野本茂夫監『障害児保育入門――どの子にもうれしい保育をめざして』ミネルヴァ書房，2005年
7 カー，M.『保育の場で子どもの学びをアセスメントする――「学びの物語」アプローチの理論と実践』大宮勇雄・鈴木佐喜子訳，ひとなる書房，2013年

参考図書

◎ 田澤里喜『あそびの中で子どもは育つ 実践例だからわかりやすい！保育のキーワード！（PriPriブックス）』世界文化社，2018年
◎ 日本発達障害連盟編『発達障害白書 2018年版』明石書店，2017年
◎ 無藤隆監『10の姿プラス5・実践解説書』ひかりのくに，2018年
◎ 森上史朗監『最新保育資料集――保育所，幼稚園，保育者に関する法制と基本データ2017』ミネルヴァ書房，2017年
◎ 厚生労働省「保育所保育指針」2017（平成29）年告示
◎ 文部科学省「幼稚園教育要領」2017（平成29）年告示
◎ 内閣府・文部科学省・厚生労働省「幼保連携型認定こども園教育・保育要領解説」2018（平成30）年

[執筆者紹介・分担] （掲載順，2019年3月現在）

- **大豆生田啓友**（おおまめうだ・ひろとも）＝編著者、第1章
  玉川大学教育学部教授

- **上田よう子**（うえだ・ようこ）＝第1章
  和泉短期大学助教

- **田澤里喜**（たざわ・さとき）＝編著者、第2章、第6章
  玉川大学教育学部准教授

- **岩田恵子**（いわた・けいこ）＝第3章
  玉川大学教育学部教授

- **宮﨑　豊**（みやざき・ゆたか）＝第4章
  玉川大学教育学部教授

- **佐藤浩代**（さとう・ひろよ）＝第5章
  東洋英和女学院大学人間科学部講師

- **潮木玲奈**（うしおぎ・れな）＝第6章
  大妻女子大学家政学部助教

- **須永美紀**（すなが・みき）＝第7章
  こども教育宝仙大学こども教育学部准教授

- **鈴木美枝子**（すずき・みえこ）＝第8章
  玉川大学教育学部教授

- **若月芳浩**（わかつき・よしひろ）＝第9章
  玉川大学教育学部教授

◆◆ Staff ◆◆

［編集協力］カラビナ　［カバーデザイン・本文レイアウト・DTP］松岡慎吾

保育・幼児教育シリーズ
保育内容総論

2018年4月25日　初版第1刷発行
2021年8月10日　初版第3刷発行

編著者　大豆生田啓友，田澤里喜
発行者　小原芳明
発行所　玉川大学出版部
〒194-8610　東京都町田市玉川学園6-1-1
TEL 042-739-8935　FAX 042-739-8940
http://www.tamagawa.jp/up/
振替：00180-7-26665
印刷・製本　日新印刷株式会社

乱丁・落丁本はお取り替えいたします。
©Hirotomo Oomameuda, Satoki Tazawa 2018
Printed in Japan
ISBN978-4-472-40545-7 C3337 / NDC376